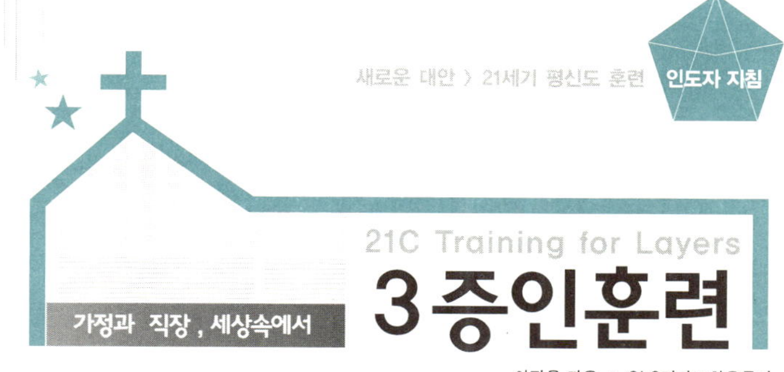

새로운 대안 〉 21세기 평신도 훈련　인도자 지침
21C Training for Layers
가정과 직장 , 세상속에서
3 증인훈련
이진우 지음 ● CLC건강교회운동편

글샘

이삭이 사는 법

이삭이 살던 땅에 흉년이 들었다. 살 궁리를 하는 그에게 하나님이 다가오셨다. "애굽으로 내려가지 말고 내가 네게 지시하는 땅에 거하라." 이삭은 애굽에까지 내려가지는 않았지만 이웃 땅 블레셋 그랄까지 갔다. 그곳에서 가축은 번성했고, 농사는 풍작을 이루었다. 그러자 그 땅에 자리잡고 있던 사람들의 시기가 시작됐다. 텃세가 발발한 것이다. 그들은 우물을 덮어버리는 만행을 저질렀다. 물이 귀하던 당시 상황으로 보아 이 행위는 전쟁 선포나 다름없었다. 자, 이제 이삭은 어찌할 것인가? 이삭은 온가족과 식솔들을 거느리고 다른 골짜기로 들어간다. 이 날 이후로 그랄 사람들은 빼앗는 재미에 길들여지고, 이삭 가족은 하릴 없이 우물을 파고 빼앗기는 일을 반복한다. 이삭은 자기의 우물을 약탈해가는 사람들을 불평하거나, 그 사람과 다투지 않았다. 놀랍다. 온유와 경건이 몸에 배인 모습이다.

'악을 행하는 자들 때문에 불평하지 말며 불의를 행하는 자들을 시기하지 말지어다 그들은 풀과 같이 속히 베임을 당할 것이며 푸른 채소같이 쇠잔할 것임이로다' (시37:1,2) 그런데 이삭에게 나타나는 신비로운 일은 그가 우물을 팔 때마다 물이 나왔다는 사실이다. '하나님을 사랑하는 자 곧 그의 뜻대로 부르심을 입은 자들에게는 모든 것이 합력하여 선을 이루느니라' (롬8:28) 과거나 현재나 그 지역은, 땅을 파면 기름은 나올지언정 물이 잘 나오지 않는 땅이다. 그러나 이삭은 우물파기의 명수가 되었다. 아! 이는 하나님이 그와 함께 한다는 증거가 아니던가?

그렇게 지내던 이삭은 타향살이를 접고 브엘세바로 돌아오게 된다. 그런데 이때 이상한 일이 벌어졌다. 블레셋의 왕 아비멜렉이 그 신하들을 대동하고 이삭을 찾아온 것이다. 이삭을 쫓아냈던 그들 아닌가? 이제 이삭 앞에 온 연유가 무엇인가? 아비멜렉은 '하나님이 너와 함께 하신다는 사실을 네가 떠나고 나니까 알게 되었다' 라고 말했다. 그들은 두려웠다. 하나님의 사람 이삭을 잘못 다루면 안 되겠다는 생각을 한 것이다. 이삭이 싸우고 대들어서 얻은 명예가 아니라 져 주고, 포기하고, 당했는데 하나님이 이삭의 손을 들어서 승리를 안겨준 것이다. 얼핏 보면 진 것 같지만 나중에 뚜껑을 열어 보면 이기는 사람들이 바로 하나님의 사람들이다. 이것이 성도의 특권이며 우리가 세상을 향하여 자신을 가지고 살 수 있는 이유이다. 우리 그리스도인은 남에게서 돈을 빼앗거나, 권력으로 살거나 착취하며 사는 사람이 아니다. 우리는 져 주고 이기는 사람이며, 매 맞고 승리하는 사람이고, 쫓겨나고 영광을 받는 사람이다. 이런 사람들이 그리스도인들이다. 오늘 당신에게 세상 사람들이 '저 사람은 하나님의 사람이니 홀대해서는 안되겠다' 라고 말하게 되기를! 모두가 간다고 그 길이 바른 길은 아니다. 모두가 찬성한다고 그것이 진리는 아니다. 세상은 하나님을 떠나 멀리가고 있지만 '그래도' 우리는 그럴 수 없다. '그래도' 우리는 이렇게 살아야 한다.

1 사람들은 논리적이지도 않고, 이성적이지도 않다. 게다가 자기 중심적이다.
  그래도 사람들을 사랑하라.
2 당신이 착한 일을 하면 사람들은 다른 속셈이 있을 거라고 의심할 것이다.
  그래도 착한 일을 하라.
3 당신이 성공하게 되면 가짜 친구와 진짜 적들이 생길 것이다.
  그래도 성공하라.
4 오늘 당신이 착한 일을 해도 내일이면 사람들은 잊어버릴 것이다.
  그래도 착한 일을 하라.
5 정직하고 솔직하면 공격당하기 쉽다.
  그래도 정직하고 솔직하게 살아라.
6 사리사욕에 눈 먼 소인배들이 큰 뜻을 품은 훌륭한 사람들을 해칠 수도 있다.
  그래도 크게 생각하라.
7 사람들은 약자에게 호의를 베푼다. 하지만 결국에는 힘 있는 사람 편에 선다.
  그래도 소수의 약자를 위해 분투하라.
8 몇 년 동안 공들여 쌓은 탑이 하루아침에 무너질 수도 있다.
  그래도 탑을 쌓아라.
9 물에 빠진 사람을 구해주면 보따리 내놓으라고 덤빌 수도 있다.
  그래도 도움이 필요한 사람을 도와라.
10 젖 먹던 힘까지 다해 헌신해도 칭찬을 듣기는커녕 경을 칠 수도 있다.
  그래도 헌신하라.　_ by Dr. Kent M. Keith

"나 여호와가 말하노라 너희는 나의 증인, 나의 종으로 택함을 입었나니 이는
너희가 나를 알고 믿으며 내가 그인 줄 깨닫게 하려 함이라" (사 43:10)

이 21C 평신도 훈련 증인반을 공부하는 당신이 바로 그런 삶을 살아내는 생생한 그리스도의
증인이 될 수 있기를!

2010년 초여름에 이진우

훈련과정 안내 Guidance

● 21세기 평신도 훈련 과정은

훈련생을 신앙인으로 세우는 제자훈련, 교회내의 평신도 사역자로 세우기 위한 사역훈련, 그리고 가정과 직장, 세상 속에서의 능력있는 삶을 사는 증인훈련으로 구성된다.

〈 본 과정의 훈련 흐름은 다음과 같다〉

비신자 　전도 > **초신자** 양육 > **제자** 훈련 > **사역자** 훈련 > **증인** > **증인의 삶**

● **새가족반**	● **제자반**	● **사역반**	● **증인반**	● **파송**
· 구도자반	개인 (마8:23)	교회 (마9:37)	세상 (행1:8)	· 가정지킴이
				· 교회사역자
				· 세상속의 증인

· 모든 처음 등록자는 새가족반을 이수하며, 완전 초신자는 구도자반으로 연계시킨다.
· 제자반에 들어가는 양육과정에 「52주 성경책별 연구」를 권장하며, 증인반을 수료한 후에는 심화과정으로 「성경 인물 집중 탐구」를 권한다.

● 훈련 교재의 특성

이 교재는 온전한 그리스도의 제자로 세우되 교회안의 교인만이 아니라 세상 속의 그리스도 인이 되는 것을 초점으로 하였다. 따라서 철저히 신앙의 생활화를 목적으로하였다.

· 제1권 제자훈련은 21주제로 그리스도의 제자의 정체성 확립을 집중 탐구하였다.
· 제2권 사역훈련은 20주제로 그리스도의 교회의 지체로서 사역을 구비케 하였다.
· 제3권 증인훈련은 21주제로 가정과 직장, 세상 속에서의 증인의 삶을 다루었다.

본문 인용 본문을 먼저 제시하고 귀납법적 연구를 시도함으로써, 성구들만을 인용하는 주제별 공부의 문제를 극복하려하였다.
내용 성경공부 내용 전개는 사변적인 복잡함을 지양하고 단순화하였다.

암송 구절은 단발로 한 구절씩 암송함을 지양하고 문맥을 살리기 위해 때로 2~3절을 제시 하였다(예- 요1:12-13, 갈5:22-23, 마5:3-10, 고전13, 롬12:1,2).

성경읽기 통독은 훈련 기간 중 신구약 1독을 하되, 역사적 순서 읽기를 도입하였다.

큐티 큐티는 줄거리 생각, 의미 생각, 실천 다짐의 형식으로 단순화 하였다.

파트너 기도 파트너는 주중에 피차간 중보기도를 하며 1회 이상 접촉한다(전화나 만남등).

헌신 공부 중 중요한 결단의 주제 때에는 '평생 서약서' 를 쓰고 헌신케 한다.

종강 각 권이 수료 될 때 마다 의미 있는 행사를 기획한다(1권 종료- 기도후원자 대회, 2권 종료- 재헌신의 날, 3권 총 수료- 증인파송식).

과제 부여

점진성 통독과 암송은 3주차부터, 큐티나 전도 등은 해당 주제를 다룬 후 부터 과제로 부여한다.

가벼움 맞벌이 등의 점점 분주해지는 일상 속에서 평신도가 감당할 수 있는 양의 과제로 분량을 줄이고 그리고 확실하게 점검한다.

실제성 과제가 따로 지정되어 있지 않은 경우에는 각 교회의 형편에 따른 구체적인 과제를 부여하도록 한다.

결석 결석자는 전원이 한 엽서에 글을 써서 부치며 총무는 개별적으로 전화 접촉한다.

테스트 1,2,3권 각권이 마쳐질 때마다 테스트를 거친다.

● 각 과의 구조

시작 전 준비시간이다.
차와 함께 주중의 삶을 나눈다.
찬양은 미리 철저히 준비하여 온전히 마음이 열리게 한다.
점검은 지난주 과제를 피차 파트너가 되어 서로 서명해준다.

당일 주제와 근접한 내용의 나눔이다.
일종의 마음 열기(Open Mind) 순서이다.

모두가 자연스레 참여하도록 유도한다.
단, 도입부이기에 너무 장황해지지 않도록 절제한다.

항해 지도

항해지도는 당일 다룰 성경본문이다.
인도자 혹은 한 개인이 읽거나 전원이 한 절씩 윤독하면 된다.
혹 인물들이 나오는 내용인 경우에는 인물을 분담하여 연극화 할 수도 있다.

지도 보기

성경 본문을 중심으로 한 성경연구이다.
대개 귀납적 접근 방식을 택하여 본문 관찰, 해석, 적용의 순서를 기본원리로 삼았다.

노 젓기

당일 주제를 보다 폭 넓게 다루기 위한 확장 내용이다.
신구약 성경의 본문들을 두루 활용하였다.
주제와 너무 멀리 나가지 않도록 유의한다.

닻 내림

당일 공부 주제에 대한 결론 혹은 보충이다.
필요시 신앙 서적이나 신앙위인의 글을 인용하기도 하였다.

*기도

당일 공부 주제를 중심으로 하여 지난날의 죄나 불성실에 대한 마음 바꿈, 그리고 미래의 실천을 위한 다짐이다. 이어서 조원 각 사람을 위한 중보기도를 빼지 말자. 요식 절차가 아닌 뜨거운 집중기도의 시간이 되게 한다.

당일 주제를 가정과 주중 생활로 가지고 가도록 하는 실천 요강이다. 반드시 다음 주중에
점검을 할 일이다. 주중에 기도 파트너가 격려할 내용이기도 하다.

당일 주제와 관련하여 실생활에 원리로 적용할 수 있는 엑기스를 제공한다. 집에 가서 복습
할때 보면 된다.(기도 파트너는 흩어지기 직전에 결정한다. 예– 각자의 이름이 적힌 쪽지를
통에 넣고 한 명씩 뽑는다. 뽑힌 종이에 적힌 이름이 주중의 기도 파트너이다.)

훈련생 자격

새가족 반 과정을 마친 자
세례 받은 자
본 훈련 과정에 적극적으로 동의하고 순응하는 자
신체적, 정서적, 지식적으로 학습 가능한 자
가족의 허락을 받은 자
지원서를 중심으로 개인 면담
훈련 기간 중의 기도 후원자를 확보한 자

훈련 기간 및 구성

전체 약 1년 반 소요(형편에 따라 각 과정 마치면 1개월 휴식 가능)
주 1회 모임 원칙
훈련 시간은 오전, 저녁, 새벽 등 교회 상황에 따름
각각 남제자반, 여제자반을 추천(필요시 혼성반 가능)
한 그룹은 7~8명이 적절

● 시간 운용

여는 시간
도착 10분 전부터 자유 대화와 인사
찬양 정각부터 20분간 (후, 인도자의 오픈 기도)
과제 점검 5분간
큐티 나눔 5분간

말씀과 토론
교재를 다룸 60분간

마무리
집중기도와 매듭 20분간
기도파트너 확인

● 훈련생의 실천 과제

1 **교재 예습** 예습할 때에는 연필로 기록하고 훈련시는 볼펜 사용.
2 **성경통독** 매일 지정된 부분을 읽는다.
3 **큐티** 일주일에 5일 이상을 매일 큐티한다(노트에 기록 권장).
4 **기도** 매일 30분이상을 기도한다(기도노트 사용 권장).
5 **성경암송** 정해진 성경구절을 암송한다.
6 **생활과제** 그 주에 주어진 생활숙제를 한다.
7 **태신자** 계속 접촉한다(증인반 수료식때 동반함).
8 **후원** 기도 후원자와 주 1회 이상 연결.
9 **격려** 주중의 기도 파트너와 주 1회 이상 연결.

● 훈련생에게 다가오는 시험꺼리들

1 **과제물의 부담감** 일상과 가정생활의 분요함. 매일 세밀한 스케줄 필요
(못했을 때에는 그대로 오라!)

2 가정, 직장의 문제 가족, 친척, 직장에서 갈등과 문제가 생길 수 있다.

3 훈련생 상호관계 가치관, 기질 차이, 경쟁의식에서 오는 갈등이 있을 수 있다.

4 자신과의 내적갈등 건강문제, 권태와 회의('꼭 이런 식으로')등 자신과의 싸움.

5 지도자에 대한 부담 이야기하지 말고 계속 기도할 것.

● 훈련반 운영 규칙

리더(목회자), 총무(연락, 조원관리), 회계(재정 관리), 찬양담당(필요시 세움), 훈련원

A 훈련생 준칙

1 모임 시작 10분 전에 도착. 과제물 점검표를 작성.

2 지각과 결석은 사전 약속에 따라서 벌금을 부과.

3 무단결석 3회 이상은 수료할 수 없음.

4 결석자는 리더와 1:1로 보충수업을 해야 함.

B 훈련 장소

1 훈련원의 집을 돌아가며 오픈하되, 간단한(1식 3찬) 식사를 준비.

2 오픈 하우스에서는 당일 전화, 타인 방문을 조치.

3 오픈 하우스 주인은 공부 시작 전에 준비를 완료하고 공부 중의 이동은 금함.

4 좌석은 원으로 하고 인도자 자리에는 물을 준비.

5 각 좌석은 지난 모임 때와 다른 사람으로 정함.

C 훈련원간의 관계

1 훈련시의 대화 내용은 밖으로 나갈 수 없음.

2 피차를 존중하며 경어를 사용함.

3 훈련원간의 돈거래는 일절 금함.

4 생일 파티를 함(간소한 케익과 전원이 서명한 축하카드).

5 피차의 경조사에 헌신적으로 도움.

6 증인반을 마칠 즈음, 다음 훈련자를 추천하기.

목차 | Contents

눅 17:11~19 ; 눅 9:57~62
눅 10:1~24 ; 요 7:11~8 ; 눅 10:25~37, 38~42
눅 11:1~13 ; 요 9:1~41 ; 요 10:1~21, 22~42
요 11:1~57 ; 눅 13:10~17 ; 눅 22~33
마 19:1~30 ; 눅 14:1~35 ; 눅15:1~17:10
마 20:1~29 ; 눅 18:35~19:27
요 12:1~8 ; 눅 19:29~48 ; 막 11:15~19
마 21:18~46 ; 마 22:1~23:39 ; 막 12:41~44
요 12:20~50 ; 마 24~25 ; 마 26:1~5, 14~16
요 13:1~30 ; 마 26:26~30
요 13:31~16:33 ; 요 17 ; 눅 22:31~38
마 26:36~56 ; 마 26:57~75 ; 마 27:3~10
눅 23:1~5 ; 눅 23:6~12 ; 눅 23:13~56
요 20:1~31 ; 요 21:1~25 ; 마 28:16~20
행 1:1~11
행 1~21
행 21~35 ; 갈
행 15:36~16 ; 행 17~18:11
살전후 ; 행 18:12~22
행 18:23~19:22 ; 고전 1~5
고전 6~16 ; 행 19:23~20:1
고후 1~8
고후 9~13 ; 행 20:2~3상
롬 1~16
행 20:20하~28 ; 골 1~4
몬 ; 엡 1~6 ; 빌 1~4 ; 딤전 1~4
딤전 5~6 ; 딛 ; 딤후 1~4
약 1~5 ; 유 ; 벧전 1~5
벧후 1~3 ; 히 1~13 ; 요일
요이 ; 요삼 ; 계 1~22

21C Training for Layers
21세기 평신도 훈련
3부
가정과
직장
세상속에서
증인
훈련

*1 단순한 삶

여는 시간

년   월   일   시   장소

차와 나눔

" 喜怒哀樂 "

찬양

점검 " 지난주 제자의 삶"
성경읽기 (전혀못함0, 1, 2, 3, 4, 5, 6, 7, 8, 9, 10완벽함)
성구암송 (전혀못함0, 1, 2, 3, 4, 5, 6, 7, 8, 9, 10완벽함)
교재예습 (전혀못함0, 1, 2, 3, 4, 5, 6, 7, 8, 9, 10완벽함)
특별과제 (전혀못함0, 1, 2, 3, 4, 5, 6, 7, 8, 9, 10완벽함)
매일큐티 (전혀못함0, 1, 2, 3, 4, 5, 6, 7, 8, 9, 10완벽함)
점검 파트너 이름 /   서명 /

태신자를 위한 한 주간의 점검

태신자를 위한 점검

전화 ○ × 기도 ○ × 편지 ○ × 방문

전도를 위한 선행

큐 티 나눔

이사를 할 때 긴요치 않은 가재도구들을 정리했던 기억을 떠
올려보라.

마태복음 6:25-34

1 다음 ( )를 채워보라.

"그러므로 내가 너희에게 이르노니 목숨을 위하여 무엇을 먹을까 무엇을 마실까 몸을
위하여 무엇을 입을까 (염려)하지 말라 목숨이 음식보다 중하지 아니하며 몸이 의복
보다 중하지 아니하냐 공중의 새를 보라 심지도 않고 거두지도 않고 창고에 모아들이
지도 아니하되 너희 하늘 아버지께서 기르시나니 너희는 이것들보다 귀하지 아니하
냐 너희 중에 누가 (염려)함으로 그 키를 한 자라도 더할 수 있겠느냐 ."

"또 너희가 어찌 의복을 위하여 (염려)하느냐 들의 백합화가 어떻게 자라는가 생각하여
보라 수고도 아니하고 길쌈도 아니하느니라 그러나 내가 너희에게 말하노니 솔로몬의
모든 영광으로도 입은 것이 이 꽃 하나만 같지 못하였느니라 오늘 있다가 내일 아궁이
에 던져지는 들풀도 하나님이 이렇게 입히시거든 하물며 너희일까보냐 믿음이 작은
자들아 그러므로 (염려)하여 이르기를 무엇을 먹을까 무엇을 마실까 무엇을 입을까 하
지 말라 이는 다 이방인들이 구하는 것이라 너희 하늘 아버지께서 이 모든 것이 너희에
게 있어야 할 줄을 아시느니라 그런즉 너희는 먼저 그의 나라와 그의 의를 구하라 그리
하면 이 모든 것을 너희에게 더하시리라 그러므로 내일 일을 위하여 (염려)하지 말라
내일 일은 내일이 (염려)할 것이요 한 날의 괴로움은 그 날로 족하니라."

2 당신은 지금 어떠한 걱정거리가 있는가?

요즘의 근심 걱정거리를 나누어보자.

(걱정거리 없는 사람은 없다. 우리는 이따금 생명 그 자체보다는 목숨에 소용되는 음식물에 집착하여 무엇을 먹을까 무엇을 입을까 염려하는 때가 있다. 이는 하나님을 믿는 바른 신앙이 아니다. 하나님이 목숨과 몸을 준 이상, 이에 필요한 음식과 옷은 우리에게 당연히 주실 것이다.)

그 두려움의 원인이 무엇인가?

대개는 그것이 잘못되면 어떻게 하나의 부정적 예견이다.

3 염려의 근원이 무엇이라고 말하는가? (30)

믿음의 작음

(이는 예수께서 제자들에게 조용히 꾸짖듯 말씀하신 것으로서 모든 근심은 바로 아버지되시는 하나님께 대한 불신(不信)에서 비롯됨을 역설한 것이다.)

나에게 가장 큰 염려는 어디에서 비롯되었다고 보는가?

내 인생을 내가 다 책임진다는 생각

(한편 잠언은 환난날에 낙담하지 말 것을 권고하고 있는데(잠 24:10), 특히 우리 신자는 물질적인 궁핍과 가난으로 낙심하여 믿음이 적은 자란 책망을 받지 않도록 해야겠다. 염려와 근심은 모두 불신앙에서 나오는 것인 만큼 오직 모든 필요를 홀로 채우시는 하나님을 믿는 굳건한 신앙으로 오늘의 불만족스럽고 불공평한 이 현실을 진실되게 그리고 의롭게 극복해야 할 것이다.)

나는 과연 하나님을 온전히 신뢰할 수 있는가?

온전한 신뢰를 구하자

(주위에 견고한 믿음의 사람의 예를 찾아보라.)

4 의식주에 대한 염려 가운데 살아가는 것은 어떤 이들의 모습인가? (32)

이방인들

('이방인들'이란 하나님 나라의 의(義)에 대해서는 전혀 무관심하면서 오직 먹고 마실 것만 추구하는 자들을 통칭한 말이다. 그리고 그들은 하나님을 아버지로 모시지 않기 때문에 그의 사랑과 관심을 받지 못한다. 또한 물질적인 것들을 초월한 신앙적 자세를 가지고 있지 않기 때문에 항상 세상적 염려와 근심에 쫓기고 있다.)

우리는 어떠해야 하는가? (33)

먼저 하나님의 나라를 추구함

(하나님의 나라와 그 의를 구하는 일이 인생의 가장 중요하고 긴급히 선결해야 할 문제이다. 결국 경건(piety)에도 자아 중심과 하나님 중심의 두 종류가 있듯이 포부(aspiration)에도 두 종류가 있다. 곧 자신을 위한 포부와 하나님을 위한 포부가 그것이다. 제 3의 선택이란 있을 수 없다. 이 둘 중 무엇을 먼저 선택하겠는가?)

"우리가 내려야 할 결단은 많지 않다. 사실은 딱 한가지, 하나님의 나라와 하나님의 의를 먼저 구하는 것이다. 우리가 해야 할 일은 많지 않다. 사실은 딱 한가지, 범사에 그분께 순종하는 일이다" **리처드 포스터**

왜 현대인들은 극심한 불안과 스트레스에 시달리며 사는 것일까?

현세주의, 물질주의에 파묻혀 사는 연고이다.

1 성경은 우리의 불안과 근심이 어디서부터 기인한다고 하는가? (요일 2:16)

세상으로부터 옴

(요한은 상반절에서 언급된 세 가지 예, 즉 육신의 정욕과 안목의 정욕과 이생의 자랑이 모두 하나님에게서 비롯된 것이 아니라 세상, 곧 사단이 지배하는 타락한 사람들의 마음에서 비롯된 것임을 밝히고 있다. 그러기에 세상과 하나님 아버지는 절대로 공존할 수 없으며 그리스도인들은 절대로 세상이나 세상에 있는 것들을 사랑해서는 안된다.)

2 다음은 이케다 가요코의 『세계가 만일 100명의 마을이라면』에서 나오는 내용 중 일부이다.

"지금 세계에는 63억의 사람이 살고 있다. 그런데 만일 그것을 100명이 사는 마을로 축소시키면 어떻게 될까? 100명 중 20명은 영양실조이고 1명은 굶어죽기 직전인데 15명은 비만이다. 75명은 먹을 양식을 비축해 놓았고 비와 이슬을 피할 집이 있지만 나머지 25명은 그렇지 못하다. 17명은 깨끗하고 안전한 물을 마실 수조차 없다. 은행에 예금이 있고 지갑에 돈이 들어 있고 집안 어딘가에 잔돈이 굴러다니는 사람은 마을에서 부유한 8명 안에 드는 한 사람이다."

이 글을 읽고 난 후의 느낀 점은 무엇인가? 당신은 이 마을의 어디에 속할까?

아마도 우리는 부유한 그룹에 속할 것이다. 단지 상대적 빈곤에 허덕이는 상태일 뿐.

(최근에 본 가난한 민족이나 나라에 대한 기사나 사진에 대해 나누어보자.)

빌 4:11,12절을 읽고, 자족의 의미에 대한 개인적인 생각을 말해보라.

우리에게는 자족함이 필요하다.

바울은 비록 자신이 곤경 가운데 처할 것은 분명한 사실이지만 이 어려움으로부터 벗어나는 것이 자신의 주된 관심이 아님을 밝히고 있다. '어떠한 형편에든지'는 문자적으로 '어떤 환경에서라도 나는 존재한다'라는 뜻이다. 이것은 곤경에 처한 그의 궁핍한 생활에 대해서 숙명적으로 받아들이거나 체념한다는 의미라기보다는 오히려 외적인 형편이 어떠하든지 근심과 걱정으로부터 초연함을 의미한다(Martin). 바울은 그리스도로 말미암은 은혜와 평강을 덧입고 있었으므로 외적 여건에 초연하여 자족(自足)할 수 있었다. 바울은 그의 생활 가운데서 예수 그리스도를 의지함으로 자족할 줄 알게 된 것을 하나님이 그에게 비밀로 가르쳐 주신 것으로 말하고 있다(시 25:14).

왜 우리는 무엇을 입고 먹고 마실까의 문제에 그렇게도 집착하는가? 나는 왜 물질적인 문제에 묶여 있는가?

시선을 바꾸어야 한다. (골3:1)

3 바울의 비전은 무엇이었는가? 당신의 비전은 무엇인가? (빌 1:20)

	야망	비전
근거	인간 자신의 뜻	하나님의 뜻에 근거함
이익추구	자신의 이익추가	이웃
전략	인간적인 방법과 수단을 의존	건강한 전략을 필요로 함

각자의 꿈을 말해보자. 그 꿈은 과연 야망인가 비전인가?

비록 야망이었다해도 이 순간 비전으로 전환해보자.

'우리가 대륙을 위해 간구해야 할 때, 그리고 주님을 위해 세계를 구해야 할 때
우리는 장난감을 구하고 있다.' **토마스 파인**

4 시간에 쫓김. 바쁘면 가장 먼저 변하는 것이 바로 관계이다. 내가 바쁠 때 가장 먼저
상처받기 수운 관계는 바로 하나님과의 관계이다.

"저는 기도할 시간이 없습니다. 주님과 대화를 나눌 시간이 없어요. 성경을 읽을 시
간이 없습니다…." 그 압박감이 계속 되면 가족들과의 관계를 잘라낸다. 다음으로 다
른 성도들과의 관계가 변한다. "저 소그룹에 갈 시간이 없어요. 저는 수요예배에 갈
시간이 없습니다…."

위 글과 관련하여, 당신의 시간 사용의 우선순위와 관계들에 대해 말해보라.
시간사용을 분석해보라. 하루 24시간을 놓고, 또한 7일 한주를 놓고서.

걱정은 마음이 나눠지게합니다

짐을 버리고 길을 묻다

걱정은 마음이 나눠지게합니다.
걱정은 오늘 해야 할 일과 내일의 문제 사이에서
에너지를 분산시킵니다.

마음 한쪽은 현재에 머물러 있지만
나머지 한쪽은
아직 벌어지지도 않은 미래의 문제에 있게 만듭니다.
결국 절반의 마음으로 오늘을 사는 꼴입니다.

걱정은 소모적인 습관입니다.
슬프게도 걱정은
남에게 넘겨줄 수 있는게 아니고
극복해야 할 대상일 뿐입니다.

우리를 인도하시는 주님은
제때에 도움을 주십니다. (히4:16)
주님은 우리와 필요 사이에 계셔서
알맞은 때에 때가되면 그 필요를 채우십니다.

앞으로 이뤄내야 할 많은 일들이나
문제를 놓고 속끓이지 마세요.
대신 겸손한 마음으로 오늘 하루동안
넉넉히 할수 있는 소박한 목표,
팔만 쭉 뻗으면 언제라도 잡을 수 있는
목표를 설정하십시오.

사람이 해야 할 일은
멀리 어른거리는 것을 보려고 애쓰는게 아니라,
눈앞에 뚜렷이 보이는 일을
또박또박 행하는데 있기 때문입니다.

"그러므로 내일 일을 위하여 염려하지 말라.
내일 일은 내일 염려할 것이요"(마6:34)

주님께서 약속하신 것은
"내 발의 등" 이지 "미래를 보는 망원경"이 아닙니다.

- 맥스루케이도 -

닻 내림

단순성은 복잡하면서도 단순하다. 결국 복잡한 세상의 모든 얽히고설킨 끈을 풀어야 할 자는 우리가 아니다. 우리가 염두에 둬야 할 것은 많지 않다. 사실은 딱 한 가지, 참 목자의 음성에 귀 기울이는 일이다. 우리가 내려야 할 결단은 많지 않다. 사실은 딱 한 가지, 하나님의 나라와 하나님의 의(義)를 먼저 구하는 일이다. 우리가 해야 할 일은 많지 않다. 사실은 딱 한 가지, 범사에 그분께 순종하는 일이다.

prayer & homework

***기도**

***과제**
여분의 의류나 가재도구를 이웃과 나누는 실천을 해보라

행복한 사람 13원리

1 인생을 아름답다고 노래하는 사람입니다.
2 『행복의 비결』이란 책을 살 필요가 없는 사람입니다.
3 집을 나서도 갈 곳이 있는 사람입니다.
4 흐주머니에 돈이 얼마나 있는가를 모르는 사람입니다.
5 나의 사랑을 받아 줄 애인을 가진 사람입니다.
6 고난을 함께 나눌 수 있는 친구를 가진 사람입니다.
7 그림자라도 밟기가 죄송스러운 스승을 모신 사람입니다.
8 다시 태어난다고 해도 나의 배우자와 결혼하겠다고 하는 사람입니다.
9 아버지(어머니)와 같은 사람을 만나면 반드시 결혼하겠다는 딸(아들)을 둔 사람입니다.
10 언제고 편히 쉴 수 있는 가정을 가진 사람입니다.
11 자신의 살아야 할 이유를 분명하게 말할 수 있는 사람입니다.
12 자신의 죽음을 마치 밝아오는 아침을 맞이하듯 하는 사람입니다.
13 하나님을 아바 아버지라고 부르며 기도할 수 있는 사람입니다. **문인현**

"돈, 명예, 권력 따위 눈에 보이는 것들이 인생을 행복하게 해주리라는 헛된 꿈에서 깨어나, 이 땅에 하늘나라를 세우리라는 진짜 꿈을 꾸는 사람, 그런 사람이 그리스도인 아니겠어? 교회는 바로 그런 사람들의 모임이란다. 자, 우리는 돈만 있으면 뭐든지 다 되고 돈 없으면 아무것도 안 되는, 이 잘못된 물질 만능의 타락한 자본주의와의 싸움을 시작해야 한다." **이현주**

*2 가정

여는 시간

년   월   일   시   장소

차와 나눔
" 喜怒哀樂 "

찬양

점검 " 지난주 제자의 삶"
성경읽기 (전혀못함0, 1, 2, 3, 4, 5, 6, 7, 8, 9, 10완벽함)
성구암송 (전혀못함0, 1, 2, 3, 4, 5, 6, 7, 8, 9, 10완벽함)
교재예습 (전혀못함0, 1, 2, 3, 4, 5, 6, 7, 8, 9, 10완벽함)
특별과제 (전혀못함0, 1, 2, 3, 4, 5, 6, 7, 8, 9, 10완벽함)
매일큐티 (전혀못함0, 1, 2, 3, 4, 5, 6, 7, 8, 9, 10완벽함)
점검 파트너 이름 /   서명 /

태신자를 위한 한 주간의 점검
태신자를 위한 점검
전화 ○ × 기도 ○ × 편지 ○ × 방문
전도를 위한 선행

큐 티 나눔

발표하기 '나는 가정이란 _________라고 생각한다.'

창세기 2:18-25

하나님의 창조사역은 매일 '보시기에 좋았더라' 로 끝난다.

1 그러나 한 가지 좋지 못한 것은 무엇이었는가? 그 대안은? (18)

아담의 홀로 사는 것. 돕는 배필을 지으심

(하나님께서 자신의 선하신 뜻을 좇아 지으신 피조물 중에 보시기에 좋지 못한 것은 본래 하나도 없었다(1:31). 따라서 이 말은 다만 아담이 혼자 지내는 것보다 하와와 함께 거하는 것이 상대적으로 더 낫다는 의미이다. 돕는 배필은 '조력자', 반려자'란 뜻이다. 이것은 남편에 대한 아내의 마땅한 역할이 어떠한 것인지를 암시해 준다(고전 11:9 ; 엡 5:24). 그러나 이 말이 남성 우위론의 근거로 오용(誤用)되어서는 안된다. 왜냐하면 남녀의 차이는 신체적, 기능적 문제이지 인격적 문제가 아니기 때문이다. 하나님 앞에서는 남자든 여자든 다 그분의 성품을 함께 나눠 받은 동등한 인격체일 뿐이다(고전 11:11).)

하나님께서는 아담을 창조하신 후 에덴동산에서 생물들을 다스리며 지키게 하셨다. 다른 피조물들은 아담의 배필이 될 수 없었다(19,20).

2 하나님은 아담의 배필을 짓기 위해 무엇을 하셨는가? (21,22)

아담의 갈빗대를 취하여 하와를 만들어 이끌어 오심

(미완성된 건물을 마침내 완공한 것 같이 여자 피조 사건은 아담만으로는 미흡했던(18절) 인간 창조 사역을 충족시켰다는 의미를 지닌다. 여기서 하나님께서 여자를 남자처럼 흙으로 짓지 않으시고 아담의 갈빗대로 만드신 것은 다음과 같은 의미를 지닌다. ① 아담과 하와는 서로 분리될 수 없는 완전

한 합일체이다. 이러한 관계는 서로 정당한 부부의 연을 맺은 모든 자들에겐 영속(永續)되는 것이다 (마 19:3-6). ② 여자는 남자에게 있어서 마땅히 소중히 여김을 받아야 하는 존재이자(엡 5:25-33) 서로가 인격적인 면에 있어서 동등체이다(고전 11:11, 12). ③ 따라서 하나님 안에서 새로운 가정을 이룬 부부는 서로간의 부족한 점을 사랑과 신뢰로 메꾸어 나가면서 하나님께 감사와 영광 돌리는 삶을 살도록 힘써야 할 것이다(고전 10:31).)

3 가정은 하나님의 지혜에 따라 디자인된 것이다. 인류 최초의 가정을 이루는 결혼 식장 풍경을 묘사해보라.

1 때 태초   **2 곳** 에덴   **3 주례자** 여호와
4 신랑 아담   **5 신부** 하와   **6 하객** 에덴의 동물들
7 신랑의 고백 이는 내 뼈 중의 뼈요 살중의 살이라
8 주례사 남자가 부모를 떠나 그의 아내와 합하여 둘이 한 몸을 이룰지로다

(24절에 나타난 바 최초 결혼에 나타난 3대 원리는 ① 책임을 지닌 성숙한 존재로서 부모로부터 떠나는 '독립성' ② 동등한 두 인격체가 만나는 '연합성' ③ 두 몸이 사랑으로 하나되는 '합일성'이다. 이러한 연합과 합일의 원리는 장차 신랑되는 예수 그리스도와 신부되는 그의 교회와의 완전한 '연합'을 예표한다(엡 5:31, 32).)

4 결혼 직후 그들의 삶은 어떠했는가? 이는 우리의 가정이 어떠해야 함을 보여주는가? (25)

서로간에 가리움이 없음

(아담과 하와가 벌거벗었으나 부끄러워하지 않았다는 것은 ① 그들의 몸과 마음이 모두 하나님의 영에 의해 성화되어 있었으며 ② 그들의 전인격이 하나님께로만 집중되어 있었기 때문에 아무런 수치심도 틈탈 겨를이 없었음을 나타내 준다.)

가정의 기능은 ①성, 자녀 출산 ②양육, 교육 ③소비 경제 ④보호 ⑤휴식 ⑥ 문화계승 ⑦종교 기능 등이다. 무엇보다도 가정은 올바른 관계로 세워져간다. 부부관계, 자녀와의 관계, 부모와의 관계로 형성된다.

1 요즘 당신의 가정에서 어려움이 있는 관계는 무엇인가?

부부간에 자녀와의 사이에 여러 관계의 어려움들이 산재한다. 나누어 보라.

2 딤후 1:5절에서 보는 바, 디모데의 신앙의 계보는?

외조모(로이스) - 모친(유니게) - 디모데

디모데의 믿음은 유대교적 신앙이라기 보다 그리스도를 통한 기독교적 신앙이라고 보는 것이 더 타당하다. 이처럼 디모데는 유대교에서 개종한 '로이스'와 '유니게'에 의해서 신앙 교육을 받음으로 '로이스'와 '유니게'의 신앙을 전수받았다.

여기서 발견하는 교훈은 무엇인가?

신앙 교육은 부모를 통해 가정에서 이루어진다. 오늘 우리의 가정은?

(안믿는 가족이나 자녀에 대한 책임을 회복하게 하자.)

행복한 가정은 온 가족이 같은 신앙을 가지고, 믿음으로 세례를 받고(행 16:14-15), 가정 예배를 드리며 그리스도의 사랑을 실천하는 것이다. 주님께서 가정의 주인되심을 가장 잘 표현하는 방법은 가정예배이다.

3 '그 날' 고넬료 가정의 풍경을 묘사해보라. (행10:33)

방문 한 베드로 앞에 온가족이 모임

(하나님께 전적으로 순종하는 자세를 지닌 고넬료의 모습이 강조된다. 특히 '하나님 앞에'라는 표현은 구약에서 '여호와 앞에서'와 함께 자주 사용되어 하나님을 향한 인간의 순종과 경건을 나타낸다.)

당신의 경우 가정 예배를 드리는데 가장 방해되는 요인은 무엇인가?

<u>현대 가정의 분요함, 무관심…</u>

4 가정예배의 실제적 지침

장소 하나의 방을 고정적으로 사용하기, 자녀들의 각방을 번갈아 사용
진행 윤번제로 가족 모두가 담당, 혹은 모든 가족이 각각 순서 담당
자료 예배 안내서 혹은 매일묵상의 교재
시간 비교적 간단하게(10분~ 20분).
순서 묵상기도, 찬송, 대표기도, 말씀, 특별순서, 주기도문

가장은 예배가 항상 신선함을 주도록 배려해야 한다. 예배의 진행방법을 바꾸거나 프로그램을 다양하게 만들기. 교회절기나 생일, 명절 때는 축제 분위기를 조성.

가정예배를 언제, 어떻게 드리면 좋겠는가? 자신의 계획을 써보라.

<u>위 지침에 따라서 결정하게 해본다. 자유로운 방식이 권장되어야 한다.</u>

① 우리 가정의 참된 주인을 만나게 된다

초대 그리스도인들의 일관된 삶의 양식은 "그들이 날마다 성전에 있든지 집에 있든지 예수는 그리스도(주님)라고 가르치기와 전도하기를 그치지 아니하니라"(행 5: 42)였다. 바로 이것이다. 규칙적인 가정예배가 있다면 바로 이러한 것이 가능하게 되는 것이다.

② 가정적으로 주의 인도를 경험하게 된다

순종하는 개인들을 주께서 인도하시고, 순종하는 공동체 또한 주께서 인도하신다. 가정제단은 온 식구들이 말씀의 장에 함께 서서 순종을 격려하는 장이어야 하고, 이곳에 주의 인도가 함께 하심은 너무나도 당연하지 않은가? 이 말씀은 되새겨 볼 필요가 있다. "나의 계명을 가지고 지키는 자라야 나를 사랑하는 자니 나를 사랑하는 자는 내 아버지께 사랑을 받을 것이요 나도 그를 사랑하여 그에게 나를 나타내리라" (요14:21).

③ 자녀 교육의 최선의 마당일 수 있다

지속적이고 규칙적인 가정예배는 자녀 교육에 대한 지속적이고도 규칙적인 말씀 나눔의 기회를 제공한다. 가정 제단이야말로 우리들의 자녀들을 노엽게 아니하고 주의 교양과 훈계로 양육할수 있는 최선의 마당이라고 할 수 있다.

④ 모든 가족들에게 창조적 대화의 기회를 제공한다

초점이 없는 대화는 종종 뜻없이 표현하는 언어의 낭비이다. 그러나 말씀이 있고 기도와 찬양이 있으며 성령님의 임재가 계신 곳에서의 우리들의 대화같이 거룩하고 진지한 대화의 자리는 없을 것이다. "기름과 향이 사람의 마음을 즐겁게 하나니 친구의 충성된 권고가 이와 같이 아름다우니라" (잠 27:9). 하물며 말씀을 통한 가족들의 사랑스러운 권고라면 더 말할 필요가 없을 것이다.

5 빈( ) 차우기

" 하나님이 자기 형상 곧 하나님의 형상대로 (사람)을 창조하시되 남자와 여자를 창조하시고 하나님이 그들에게 복을 주시며 하나님이 그들에게 이르시되 생육하고 번성하여 땅에 (충만)하라, 땅을 정복하라, 바다의 물고기와 하늘의 새와 땅에 움직이는 모든 생물을 다스리라 하시니라" (창 1:27-28)

묵상의 글 미국의 초기 청교도 역사 속에서 위대한 영향을 끼친 조나단 에드워드는 주님을 지극히 사랑하는 신앙적인 여인과 결혼해서 철저하게 그리스도인의 가정을 형성해갔다.

같은 때 그와 같은 동네에서 자란 맥스 쥬크는 방탕한 여인과 결합하여 나중에 자신도 신앙을 저버렸다. 어떤 사람이 이 두 사람의 가계를 추적했다. 에드워드는 617명의 후손을 두었는데 대학 총장 지낸 사람이 12명, 교수 75명, 의사 60명, 성직자 100명, 군대 장교가 75명, 저술가가 80명, 변호사 100명, 판사 30명, 공무원 80명, 상하원의원 4명, 부통령을 1명 배출했다. 맥스 쥬크는 1292명의 후손을 두었는데 유아로 사망 309명, 거지 310명, 불구자 440명, 매춘부 50명, 도둑 60명, 살인자 70명, 그저 그런 사람 53명이었다.

제자의 삶 서약

나는 그리스도의 제자로서 나를 부르신 그 소명에 따라 이 땅을 사는 동안 사명의
삶을 살기로 약속합니다.

1 신앙의 원리가 나의 가정에서부터 실천되도록 애쓰겠습니다.
2 주1회 이상 가정예배를 드리겠습니다.

위 본인	이름	서명
동료 증인	이름	서명
지도자 확인	이름	서명

prayer & homework

＊기도

＊과제

오늘 이후 주 1회 이상 가정예배를 시작하라.

▶▶ 행복한 가정의 비결 10가지

불행하게 만드는 말이 불행한 인생을 만들고
  행복을 만드는 말이 행복한 사람, 행복한 가정을 만든다.

1 가족 간에는 서로가 말하고 듣는 것을 성의 있게 해야 한다.
(잘 듣고 포용하며 격려하라. 손가락질하지 말며 빈정거리는 말투를 삼가라)
2 안정된 '자기 모습'을 보이라.
3 유머를 잃지 말라. (너무 점잖으면 가정이 박물관처럼 된다)
4 분쟁은 빨리 매듭 지으라.
5 바르고 잘못된 것을 분명히 하는 것이 건강한 가정의 초석이 된다.
(부모는 자녀에게 준법정신, 정의감, 정직, 공중도덕 등 바른 길을 택하는 모습을 보
여 주어야 한다)
6 가족이 하나라는 의식을 전통으로 세워야 한다.
7 가족과 더불어 나누는 기쁨을 맛보는 것이 행복의 요소다.
(만족의 공통분모를 발견하라)
8 자원봉사, 구호활동 등 대외적인 봉사에 힘쓸 때 가정행복은 배
가 된다.
9 가정에 있는 시간의 길이와 행복의 길이가 비례한다.
(더 많은 시간을 가정에 투자하라)
10 부정적인 언어를 사용하지 않는다.

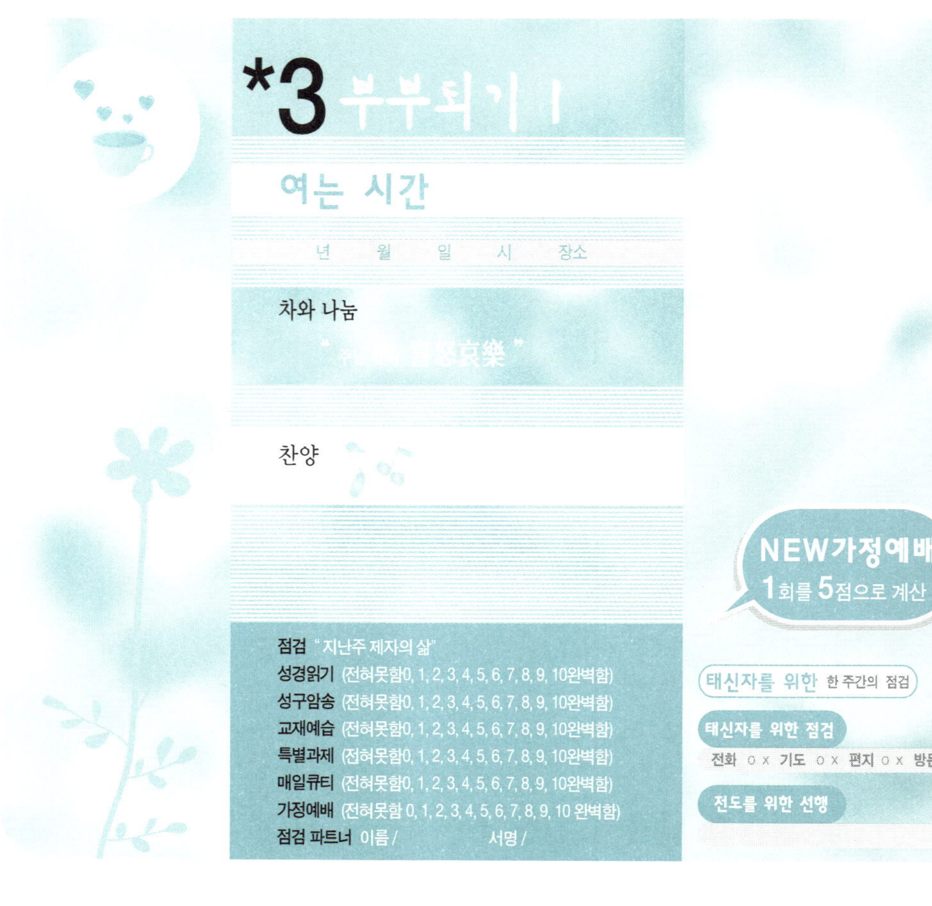

*3 부부뙈기 I

여는 시간

년   월   일   시   장소

차와 나눔

" 希怒哀樂 "

찬양

NEW가정예배
1회를 5점으로 계산

점검 " 지난주 제자의 삶"
성경읽기 (전혀못함0, 1, 2, 3, 4, 5, 6, 7, 8, 9, 10완벽함)
성구암송 (전혀못함0, 1, 2, 3, 4, 5, 6, 7, 8, 9, 10완벽함)
교재예습 (전혀못함0, 1, 2, 3, 4, 5, 6, 7, 8, 9, 10완벽함)
특별과제 (전혀못함0, 1, 2, 3, 4, 5, 6, 7, 8, 9, 10완벽함)
매일큐티 (전혀못함0, 1, 2, 3, 4, 5, 6, 7, 8, 9, 10완벽함)
가정예배 (전혀못함 0, 1, 2, 3, 4, 5, 6, 7, 8, 9, 10 완벽함)
점검 파트너 이름 /   서명 /

태신자를 위한 한 주간의 점검

태신자를 위한 점검
전화 ○× 기도 ○× 편지 ○× 방문

전도를 위한 선행

큐티나눔

배우자가 가장 사랑스러울 때는?

에베소서 5:22-28

사도 바울은 혼탁한 세상에서 그리스도인의 개인적 생활이 어떠해야 할지를 교훈한 뒤, 바로 성도의 가정생활로 초점을 맞춘다.

1 아내들이여! 22-24절을 읽고 다음 (   )를 채우라.

'먼저 아내들에게는 남편들에게 (복종)할 것을 권면한다. 즉 그리스도의 몸된 교회가, 머리이신 그리스도께 복종하듯 아내들도 그 머리되는 남편에게 복종하라는 것이다. 물론 여기서 남편이 아내의 머리가 된다는 것은 여자가 남자보다 열등하다거나 남편에 대한 아내의 복종이 일방적 맹목적인 것을 의미하지 않는다. 다만 (가정)의 질서 측면에서 남편의 권위에 순종하되 교회가 그리스도께 순종하듯 자발적인 복종을 할 것을 권면하고 있다.'

당신이 생각하는 아내가 갖출 덕목은?

남편의 입장과 아내의 입장이 다른 것임. 써보게 하라.

(본절은 상호 복종하라는 명령중 아내의 의무에 대한 것으로 아내는 남편에게 복종해야 함을 나타낸다. 이 명령은 여자가 남자보다 열등한 위치에 놓여 있어서 종속 관계에 있음을 암시하는 것이 아니다. 그래서 바울은 아내가 남편에게 복종해야 하는 기준을 '주께 하듯 하라'는 말로 제시한다. 이 기준은 그리스도인들이 주께 자율적(自律的)으로 순종하는 것처럼, 아내도 주 안에서 자원하는 마음으로 남편의 권위에 따르며 순종해야 함을 의미한다.)

2 남편들이여! 25-30절을 읽고 다음 (   )를 채우라.

'남편은 아내를 지배하고 그저 존경을 받기만 해서는 안된다. 바울은 아내의 순종을 능가하는 더 큰 (임무)를 남편에게 부과하고 있다. 남편들에게는 아내 사랑하기를 그리스도께서 교회를 사랑하신 것과 같이 사랑해야 한다고 권면하고 있다. 이는 자기의 생명까지도 내어주신 무조건적이고 희생적인 (사랑)이다. 남편들은 아내 사랑하기를 그와 같이 해야 한다는 것이다. '

당신이 생각하는 남편이 갖출 덕목은?

덕목을 써보게 하라

(남편에 대한 아내의 의무가 '복종'이라면 아내에 대한 남편의 의무는 '사랑'이다. 이는 그리스도의 사랑을 나타내는 것으로 비이기적이며 무조건적이며 희생적인 사랑을 가리킨다. 또한 이것은 현재 명령형으로서 어떤 상황에서든지 언제나 아내를 사랑해야 함을 나타낸다. 그리스도께서 교회를 위하여 자신을 주신것처럼 남편들도 아내를 무조건적이며 자기 희생적으로 사랑해야 한다. 그리스도께서 교회를 위하여 행하신 모습으로서 남편도 이와 똑같은 원리로 아내를 돌보고 보호하여 성숙하게 자라날 수 있도록 인도해야 한다. 하나님은 부부의 관계에 있어서 단순히 인간적인 애정의 차원이 아니라 그리스도와 교회와의 관계처럼 깊은 영적 차원으로의 성숙을 요구하신다.)

3 결혼을 통하여 한 남자와 한 여자는 법적인 부부가 된다. 그러나 진정한 부부가 되어가는 일에는 많은 노력과 시간이 필요하다. 사람들이 부부간의 일체성을 이루지 못하여 심한 어려움을 당하는 이유가 어디에 있다고 생각하는가?

여러 가지 이유들이 나올 수 있다.

(성격차이, 신앙이 다름, 출신 가정환경의 다름. 여기서 답을 추구함보다는 문제제기!)

부부관계는 가정의 창시자인 하나님에 의하여 성립되었다. 따라서 하나님의 뜻을 따를 때는 언제나 안전하며 어려움이 없는 행복한 관계가 지속된다. 그러나 성경을 거역하고 세상적인 방법을 따를 때 많은 문제가 발생하고 어려움이 생기는 것이다.

1 결혼이란, 근본적으로 하나님의 뜻이며 이는 하나님이 본래 남녀를 만드시고 남녀가 부모를 떠나 둘이 한 몸이 되도록 의도적으로 개입하시고 성사시킨 것이다. 고로 하나님이 허락하신 일을 인간이 임의로 갈라놓을 수 없다. 그러나 우리나라는 세 쌍이 결혼하면 한 쌍이 이혼하는 시대가 되었으며, 불륜을 부추기는 미디어의 영향으로 가정 해체가 급속히 확산되고 있다.

성경에서 이혼을 허용하는 경우는 어떤 경우인가? (마5:32)

음행

(예수께서는 음욕을 품는 것이 도덕적으로 볼 때 간음과 같은 것이라고 지적할 뿐 아니라(27-30절) 무고(誣告)한 이혼은 간음의 가능성을 낳는 죄악이라고 말하고 있다. '음행한 연고 없이'란 다른 말로 '부정한 일을 저지른 확실한 사실이 없이'라고 표현할 수 있다. 본 조건문을 역으로 이해하게 되면 '음행'(포르네이아)을 한 자와는 당연히 하나님께서 짝지워 주신 결혼을 파기할 수 있다는 묵시적 교훈이 들어있다고 볼 수 있다. 하지만 예수께서는 본문을 통하여 기독교 윤리의 한 단계 더 높은 요구를 하시는 것이 분명하다. 즉 예수께서는 당시 인습적으로 이혼의 권한을 거의 전적으로 가지고 있던 남편들이 보호받아 마땅한 아내의 허물을 덮어주는 큰 사랑이 필요하지 않겠는가 하는 것을 가르치고자 하셨을 것이다(Augustine). 이혼당하여 다시 재혼함으로써 간음하는 여인의 허물보다 고의적으로 아나를 버린 남편의 죄과(罪過)가 더욱 크고 심대(甚大)하다는 것을 알수 있다.)

2 결혼한 그리스도인 부부에게 어떤 문제가 발생한다면 그 해답은 어떻게 찾아야 할까? (고전7:10-11)

이혼하지 않는다는 자세로 임하라

(결혼한 자들에게 주어진 절대적인 명령은 서로 이혼하지 말라는 것이다. 이는 예수께서 이미 선언하신 것으로서(마 19:4-9) 음행한 연고 외에는 절대로 이혼이 허락되지 않는다는 것이다. 설령 그 이유가 모세 율법에 기록된 방식을 따른다 할지라도 이혼은 블가능하다.)

성은 하나님께서 주신 선물이고 인간에게 즐거움을 주기 위하여 창조하신 것입니다. 하나님의 모든 선물처럼 이것을 악용할 수도 있고 선용할 수도 있습니다. 성은 만족과 깊은 친밀감을 서로 느끼게 하는데 궁극적인 의미가 있지만 반면에 심한 파멸의 가능성도 있습니다. 성경에서 그릇된 성행위를 금하는 것은 성생활을 금하는 것이 아니라 성생활을 보호하기 위해서입니다(고전6:13). 성은 배우자에 대한 의무이며(고전7:3-4) 사랑과 헌신의 표현이며(엡5:25,28,33; 고전13:4-8) 욕정의 행위이기보다는 사랑의 동기로 이루어져 서로에게 만족을 주어야 합니다.

3 불신자와 결혼한 그리스도인이 배우자에 대하여 취하여야 할 바른 태도는 무엇일까? (고전7:12-13)

같이 살기를 원하면 같이 살라.

(이교도 배우자에 대한 이혼 문제는 앞의 그리스도인 부부에게 주어진 절대적인 의미와는 차이가 있다. 다시 말해서 이들에게 있어서 이혼 문제는 이교도인 배우자에게 달려 있는데 만약 그가 결혼 생활을 계속하기를 '좋아하면' 믿는 배우자는 능동적인 자세로 이혼을 요구하지 말라는 뜻이다. 이는 불신 배우자가 이혼을 원할 경우 기꺼이 응해야한다는 것을 시사하고 있다(15절). 따라서 본절의 전체적인 의미는 믿는 배우자들에게 소극적(消極的)인 태도를 요구하는 것으로서 불신 배우자의 의사를 존중하고 그들도 그리스도인이 될 수 있도록 도우라는 의미를 포함한다.)

믿지 않는 배우자일지라도 결혼 생활을 유지해야 하는 이유는 무엇인가?
(고전7:14-16)

그를 구원할수도 있다.

(성도의 거룩한 사귐은 그 이웃들에게도 영향을 끼치게 된다. 신자의 거룩함은 불신자의 불경건함이 결혼을 더럽히려는 것보다 더 능력 있는 것이다. 그리스도인은 종교적인 이유로 불신 배우자에게 이혼을 요구할 수 없으며, 불가피하게 극단적인 형편이 되었을 경우가 아니면 평화를 추구해야 할 것이다. 성도가 불신 배우자의 구원을 위하여 애쓰는 것은 너무나 당연한 일이다. 그러나 아예 처음부터 불신자와 결혼하여 개종시키고자 하는 것은 무모한 짓이다. 즉 구원에 대한 확실한 보장도 없이 불신 배우자와 결혼하는 것은 욕구 불만과 불필요한 긴장감만을 초래할 뿐이다. 따라서 바울의 이러한 가르침으로 불신자와의 결혼을 정당화할 필요는 없다.)

당신이 알고 있는, 이혼한 가정의 이혼 후유증은 어떤 것들이 있는가?
(부득이 이혼한 이웃들의 아픔의 회복을 위해 기도하자)

주위의 사례들을 돌아보자. 단 교회내의 어떤 지체를 폄하하는 상황으로 나아가서는 안된다.

4 '배필은 단지 이 세상에서의 해로만을 위해 만나지 않았다' 는 말을 이해하는가?
(벧전 3:7을 자신의 말로 써보라)

영생의 유업을 함께 가질 자요 신앙의 동지

(베드로는 두 가지 이유를 들어 남편들이 아내들을 귀하게 대할 것을 권면한다. **첫째, 더 연약한 그릇** - 이것은 지적이나 도덕적인 연약성이 아닌 육체적인 연약성을 가리킨다. **둘째, 생명의 은혜를 유업으로 함께 받을 자** - 아내가 남편에게 귀히 여김을 받을 또 다른 이유는 영적인 면에서 남편과 동

등하게 영생의 은총을 공유한 자이며 그것을 상속받을 동등한 동반자이기 때문이다. 남편과 아내
가 꾸미는 가정은 교회의 축소판이다. 남편이 악하게 아내를 대하거나 서로가 불화하는 경우에는 기
도의 효력이 발생하기 어렵다.)

부부간의 사랑 실천 항목을 과제로 함

우리를 하나님의 사람으로 빚어 가는
가장 탁월한 하나님의 방법은 바로 배우자이다!

묵상— 우리 부부는

1 하나님께 감사하며 기도하는 시간을 갖자.
2 두 사람이 동시에 화를 내지 말자.
3 집이 불이 났을 때 외에는 고함을 지르지 말자.
4 눈이 있어도 흉을 보지 말고 입이 있어도 상대의 실수를 말하지 말자.
5 아내나 남편을 다른 사람과 비교하지 말자.
6 아픈 곳을 긁지 말자.
7 화를 간직한 채 잠자리에 들지 말자.
8 처음 사랑을 잃지 말자.
9 결코 단념하지 말자.
10 서로 숨기지 말자.

<table>
<tr><td rowspan="2">36

요일</td><td colspan="4">금주간 부부간의 실천</td></tr>
<tr><td>칭찬격려(횟수)</td><td>자녀돌봄(종류)</td><td>부모문안(O X)</td><td>부부대화(시간)</td></tr>
<tr><td></td><td></td><td></td><td></td><td></td></tr>
</table>

***기도**

***과제**

» 부부의 공통예절 9가지

1 부부는 남존여비(男尊女卑)로 차별이 있지 않고 동위격(同位格)으로 평등하다.

2 부부는 정서적인 면과 신체적인 상태가 달라 그에 상응한 직분의 구별을 지켜야 한다.

3 부부는 자기의 배우자에게 주인을 섬기는 충성을 다해야 한다. 몸과 마음을 있는 그대로 모두 바치는 것이 충성이다.

4 부부는 몸과 마음을 항상 함께 해야 한다. 따라서 생활방식, 행복의 추구 등이 서로 엇갈려서는 안 된다.

5 부부는 서로가 처지를 바꾸어 이해하고 화합하며 협력해야 한다. 부부간에 이해, 화합, 협력이 없으면 가정의 파탄이 따르기 때문이다.

6 부부는 항상 배우자에게 없어서는 안 되는 꼭 필요한 존재가 되어야 한다. 그렇게 하기 위해서 서로가 자기 희생적인 정성을 다한다.

7 부부는 함께 한 가정의 승계자이며 관리자라는 인식으로 조상에게서 이어받은 가정을 훌륭하게 관리해 자손에게 물려주겠다는 책무에 충실해야 한다.

8 부부는 조상과 웃어른을 받들어 모시고, 자손을 사랑하며 모범을 보여 바르게 양육하는 데에 서로 미루지 않고 솔선해야 한다.

9 부부는 서로를 존중하고 공경하며 사랑하고 아껴야 한다.

*4 부부되기 2

여는 시간

년   월   일   시   장소

차와 나눔

" 주님과의 喜怒哀樂 "

찬양

점검 " 지난주 제자의 삶"
성경읽기 (전혀못함0, 1, 2, 3, 4, 5, 6, 7, 8, 9, 10완벽함)
성구암송 (전혀못함0, 1, 2, 3, 4, 5, 6, 7, 8, 9, 10완벽함)
교재예습 (전혀못함0, 1, 2, 3, 4, 5, 6, 7, 8, 9, 10완벽함)
특별과제 (전혀못함0, 1, 2, 3, 4, 5, 6, 7, 8, 9, 10완벽함)
매일큐티 (전혀못함0, 1, 2, 3, 4, 5, 6, 7, 8, 9, 10완벽함)
가정예배 (전혀못함 0, 1, 2, 3, 4, 5, 6, 7, 8, 9, 10 완벽함)
점검 파트너 이름 /   서명 /

태신자를 위한 한 주간의 점검

태신자를 위한 점검
전화 ○ X 기도 ○ X 편지 ○ X 방문

전도를 위한 선행

큐티나눔

근자에 부부간의 불편한 일이 있었는가? 그 이유는?

사무엘하 6:16-23

밖에 있던 여호와의 언약궤가 성에 들어올 때 다윗은 온 힘을 다하여 춤을 추며 기뻐하였다. 이는 국가적인 축제였다.

1 이때 다윗의 처 미갈의 자세는 어떠했는가? (16)

남편을 멸시함

이로 볼 떠 다윗 부부의 근본적인 차이는 무엇인가? (미갈은 '사울의 딸' 로 표기됨).

여호와 하느님에 대한 자세가 다름

이는 여호와의 궤를 중요하게 여기지 않았던 부친 사울의 영향을 받았기 때문일 것이다(대상13:3).

2 다윗에 대한 아내 미갈의 비난은? (20)

체신머리 없이 옷을 벗고 그러는가!

이에 대한 남편 다윗의 반응은? (21,22)

여호와 앞에서는 더 낮아질 수도 있다.

(미갈의 말은 이스라엘에서 가장 높은 왕인 다윗이 마치 어리석기 짝이 없는 자처럼 가장 낮고 비천한 자들 앞에서 품위를 잃은 행동을 했다는 내용의 불평이었음을 알 수 있다. 그런데 이는 그녀가 하나님의 언약궤와 관련된 다윗의 순전(純全)한 기쁨을 이해치 못한 데서 나온 것이다. 다윗의 어린아

이와 같은 행동(14, 16절)이 미갈의 말처럼 비천하고 어리석은 행동이 아니라 지극히 순전한 신앙에서 우러나온 순수한 행동이다. 그의 이러한행동은 여호와 앞에서 그분의 사랑과 은혜를 감사하는 지극히 겸손한 행위였다고 할수 있다(시 131:1;마 23:12). 다윗의 행위가 미갈의 말처럼 저질적인 행위가 아니라 하나님의 영광을 위해 낮아진 것이었기 때문에 그는 결국 하나님께로부터 존귀를 얻게 될 것이라는 확신에 찬 대답이다. 여기서 우리는 여호와 앞에서 겸손한 자만이 참으로 높아질 수 있다는 그의 확고한 신앙을 엿볼 수 있다(삼상 2:7;마 23:12).)

다윗 부부의 부부 싸움의 방법과 결과는 무엇인가?

방법 → 대화, 결과 → (23절) 하나님이 맺으심

(혹자는 미갈이 이처럼 무자(無子)한 까닭에 대하여 다윗이 그녀와 동침하기를 싫어했기 때문이라고도 한다. 이는 미갈에 대한 하나님의 징계의 결과였음이 분명하다. 즉, 그녀는 ① 하나님 앞에서 교만하였고, ② 하나님의 가견적(可見的) 보좌인 법궤에 대하여 무지하였으며 ③ 자기의 입술을 가볍게 놀린 결과로 자식이 없게 된 것이다. 여기서 우리는 교만한 자, 영적으로 무지한 자, 그리고 자기의 감정에 따라 말하는 자는 반드시 실패하고 만다는 사실을 볼 수 있다.)

이들의 부부싸움을 통하여 얻는 교훈은 무엇인가?

상대방을 일방적으로 판단하거나 비난 하지 말것

노젓기

부부가 살면서 갈등이 없을 수 없다. 부부는 성장 배경이 다를 뿐 아니라 사고 방법, 가치관, 취미 등이 다 '다를 수' 있다. 나와 '다른 것' 이 '틀린 것' 은 아니다.

1 이 차이를 말해보라.

다름 → 관점, 생각, 기질… 그것을 나의 기준으로 틀린 것이라고 말해서는 안된다.

(그런 예들을 말해보라)

부부가 갈등이 있을 때 서로 어떤 마음과 자세를 가져야 하는가? (빌2:2-4)

한 마음, 겸손, 서로 돌아봄

2 갈등이 언어나 행동으로 표출되면 부부 싸움이 된다. 당신의 부부싸움에서 주로 문제가 되는 내용이 무엇인가?

1 경제 문제 **2** 자녀 교육 **3** 신앙 문제 **4** 부부간 대화 결핍 **5** 성적인 문제 **6**시댁 처가 문제 **7** 가족 내 주도권 문제 **8** 혹은?
열린 대화로 나누어보라(서로 우길 필요는 없다. 각자의 생각은?)

의사소통이 되는 부부가 되기위한 세 가지 '해야 할 것 들'과 '하지 말아야 할 것.'

1 상대방의 감정, 즉 그의 내면의 흐름을 듣도록 하라. 사람이 느낄 수 있는 여섯 가지 기본 감정이 있는데 두려움, 분노, 슬픔, 행복, 흥분, 부드러움 등이 그것이다. 아내는 남편에게 이 여섯 가지 감정에 대한 단어를 알려주는 것이 유용하다. 왜냐하면 때때로 남편은 그러한 단어를 사용하지 않기 때문이다. 그러나 이것을 알게 된 남편은 의사전달을 할 때 그들 중 하나를 지각하는 법을 배울 수 있게 된다.

2 의사전달을 통해 표현된 욕구들을 이해하도록 노력하라. 종종 대화는 그것이 정말 부부중 한 사람에게 중요한 의미를 가짐에도 불구하고 사소한 것으로 전달되기도 한다. 남편은 자유, 사랑 , 자존감, 안정 그리고 소속감에 대한 욕구를 전달할 수 있다. 이 욕구 중 하나라도 만족되지 않을 때 부부는 침묵하게 되고 의사 소통의 단절을 가져온다. 왜냐하면 상대방의 침묵속에 숨겨진 요구를 이해하지 못하기 때문이다.

3 억측하지 마라. 그 대신 상대방이 느끼고 뜻하였던 바를 물어보라.

4 상대방의 말과 생각이 완전하리라고 예상하지 마라. 당신도 실은 대화 중 실수를 많이 할 것이다.

5 모든 남성(여성)은 같다는 식으로 추측하거나 연상하거나 일반화시키지 마라. 당신의 배우자는 유일한 존재이다. 당신이 확신하는 긍정적인 면부터 시작하여 상대방을 격려해줘라. 대화는 이런 것들을 근거로 시작된다. 부정적인 감정은 잠깐이라고 떨쳐내기가 어렵다. 의사를 전달하도록 노력해보라. 때때로 감사를 전하는 작은 메모들을 남겨두는 것이 좋은 일이다. 그것들을 배우자의 식탁 위에거나 침실 거울에 붙여두라. 늘 당연하게 여겨왔던 것이지만 남편이나 아내가 해준 어떤 것에 대해 감사를 표시하라. 건강한 대화를 쌓을 수 있는 긍정적인 토대를 찾아 보라. 이렇게 하는 것이 훌륭한 결혼 생활을 하는데 있어서 필수적인 것들이다. 빈약한 의사소통이 다수의 결혼생활 속에 만연된 문제라 하더라도 당신부부에게 문제가 되어서는 안된다. 그것은 일정한 사고 그리고 연습으로 개선될 수 있다. 의사소통을 위해 배우자와 함께 노력하라. 궁극적인 결과는 더 행복한 결혼 생활이다.

〈결혼생활에서의 의사소통〉테이브 칼슨 중에서

부부싸움은 갈등 해결의 또 하나의 방법일수 있다. 부부싸움을 잘하면 더 가까워질 수도 있고 잘못하면 그 반대가 될 수도 있다. 부부싸움에는 속앓이 형, 노발 대발형, 평화 협상 테이블형 등이 있다.

당신은 어느 유형에 가까운가?
4 유형 외에 다른 유형도 가능. 나누어보라.

3 부부싸움 시 유의할 것은 그 싸움으로 가정을 파괴해서는 안된다. 결국 사탄은 부부 싸움을 통해 행복한 가정을 파괴하려고 한다. 부부 싸움에서의 폭력은 금물이다. 언어적 폭력, 감정적 폭력, 신체적 폭력에 대하여 어떻게 생각하는가?

(욥2:9-10)　부부 싸움은 기본적인 룰 안에서의 싸움이다(사각 링 안에서의 복싱경기).

욥의 아내의 경우 언어 폭력.

(이제 욥은 육체적 질고 이외에 생의 동반자로부터 버림받는 이중적 고통에 처하게 되었다.)

4 창조적인 부부싸움을 위해서는 절제된 언어가 필요하다(잠 25:11을 자신의 말로 써보라).

(잠 25:11) 경우에 닿는 말은 은쟁반에 담긴 금사과와 같다.

(우리 자신의 가정내 언어 생활은 어떠한가… 창조적인 부부싸움을 위해서는 절제된 언어 생활을 하여야 합니다. 시편 기자는 "여호와여 내 입 앞에 파숫군을 세우시고 내 입술의 문을 지키소서" 라고 하였습니다. 불신앙적인 말보다는 신앙적인 말을 해야 합니다. "무릇 더러운 말은 너희 입 밖에도 내지 말고 오직 덕을 세우는 데 소용되는 대로 선한 말을 하여 듣는 자들에게 은혜를 끼치게 하라(엡 4:29)"라고 했습니다. 불평보다는 감사의 말을,거짓 보다는 진실한 말을, 악한 말보다는 선한 말을 하여야 합니다. 그러므로 그리스도인들은 말을 하기 전에 ①그 말이 사실인가 ②그 말이 사실이라 할지라도 그 말을 함으로 다른 사람에게 유익을 끼칠 것인가? ③그 말을 함으로 공동체에 덕을 끼칠 수 있을까? 등을 한번쯤 생각하고 말을 하여야 합니다. 무분별한 말을 하여 부부는 사탄의 종노릇할 수도 있습니다(요 8:44).)

건강한 부부 싸움에 대한 제언!

1 비폭력적이어야 함
2 싸움을 할 때는 시간과 장소를 가려서 해야 함
3 감정만 내세우지 말고 진짜 문제가 무엇인가를 말함('나는… 이렇다' 식으로)
4 한가지 주제, 현재의 문제만을 취급해야함(인격적 모독 금물)
5 충돌을 침묵으로 피하며 감정을 남겨 두지 말아야 함
6 끝마무리를 잘해야 함(미봉책으로 끝내지 말아야)

엡 4:26은 위 항목 중 어느것에 해당하는가?
5번/ 분을 품고 있지 않음

(부부싸움은 갈등 해결의 또 하나의 방법이며 의사소통의 수단입니다. 부부싸움을 잘하면 더 가까워 질 수도 있고 잘못하면 그 반대가 되는 경우도 있습니다. 부부싸움에는 속앓이 형 , 노발대발형, 평화 협상 테이블형 등이 있습니다. 부부싸움 시 유의할 것은 그 싸움으로 가정을 파괴해서는 안됩니다. 결국 사탄은 부부 싸움을 통해 행복한 가정을 파괴하려고 합니다. 부부 싸움에서의 폭력은 금물입니다. 언어적 폭력, 감정적 폭력, 신체적 폭력에 대하여 어떻게 생각합니까?(욥2:9-10) 고린도 전서 10:23-24를 부부 싸움에 어떻게 적용할 수 있겠습니까?)

위 항목 중, 당신의 경우 제일 해내기 어려운 것은?
위 항목들을 자신에 비추어 나누어보라.

5 빈 ( )채우기

"남편들아 (아내) 사랑하기를 그리스도께서 교회를 사랑하시고 그 교회를 위하여 자신을 주심 같이 하라 이는 곧 물로 씻어 말씀으로 깨끗하게 하사 거룩하게 하시고 자기 앞에 영광스러운 (교회)로 세우사 티나 주름 잡힌 것이나 이런 것들이 없이 거룩하고 흠이 없게 하려 하심이라" (엡 5:25-27)

의사소통이 되는 부부가 되기 위해

1 상대방의 감정, 즉 그의 내면의 흐름을 듣도록 하라.

2 의사전달을 통해 표현된 욕구들을 이해하도록 노력하라.

3 억측하지 마라. 그 대신 상대방이 느끼고 뜻하였던 바를 물어보라.

4 상대방의 말과 생각이 완전하리라고 예상하지 마라. 당신도 실은 대화 중 실수를 많이 할 것이다.

5 모든 남성(여성)은 같다는 식으로 추측하거나 일반화시키지 마라.

금주간 부부간의 실천

	칭찬격려(횟수)	자녀돌봄(종류)	부모문안(O X)	부부대화(시간)
요일				

prayer & homework

***기도**

***과제**

금주 중 배우자의 발을 씻어주기

▶▶ 한결 같이 로맨스를 유지하는 부부의 비결 20

1 아침에 깨어나서 침실을 나오기 전에 포옹과 키스로 나에게 인사해 주세요.

2 산책을 나가면 꽃 한 송이나 낙엽 한 잎을 주워다 주세요.

3 나를 바라보고 미소 지어주세요.

4 직장에 가더라도 낮에 집으로 전화해서 무엇인가 좋은 말을 해주세요.

5 저녁식사 때 전등불을 끄고 촛불을 밝히세요.

6 좋아하는 음악을 틀고 내 옆에 앉아서 내 손을 잡아주세요.

7 나의 하루가 어땠는지에 대해서 물어봐 주세요.

8 목욕할 때나 샤워할 때 내 등을 밀어주세요.

9 직장이나 버스 정류장으로 불시에 나를 마중 나와서 놀라게 해주세요.

10 점심 도시락이나 옷 속에 나 몰래 사랑의 편지를 넣어 주세요.

11 나와 함께 아침 식사를 하는 것이 매우 즐겁다고 얘기해 주세요.

12 내가 있는데서 아이들에게 내가 얼마나 좋은 부모인지 얘기해 주세요.

13 우리가 같이 앉아 있을 때 내 어깨를 감싸주세요.

14 우리가 대화를 할 수 있도록 아이들이 일어나기 전에 함께 차를 마셔요.

15 당신이 짠 스케줄에 따라서 나와 데이트를 해주세요.

16 밤에 잠들기 전에 나를 안아 주세요.

17 나를 안고 아무 특별한 이유 없이 나를 사랑한다고 말해주세요.

18 직장에서 돌아와 나를 대할 때 미소로 맞아주세요.

19 가끔 나에게 사랑스런 말을 해주세요.

20 외출할 때 윙크나 키스를 나에게 보내 주세요.

큐티나눔

나는 자녀에게 몇 점 짜리 부모라고 생각하는가?

창세기 25:21-28

오래 기다리던 이삭과 리브가 가정에 쌍둥이 잉태의 경사가 있었다.

1 모태 안의 형편은?

쌍둥이 아들 둘이 태중에서 다툼

형제의 각각의 특징은?

형 에서 ?

외모   붉고 털이 많음

성격   들사람

(그는 들판을 돌아다니는 사냥꾼이 되었다. 이름의 뜻은 '거친', '털이 많은'이다. 이는 그의 열정적이고 동물적인 기질을 대변해 준다.)

동생 야곱 ?

외모   여성적임(27:11참조)

성격   조용함

(에서와 대조적으로 단지 야곱의 평온하고 단순한 면(luther)을 표현한 것이다. 야곱은 가정적인 사람으로 집안에 머물기를 좋아했으며 부친을 계승하여 전형적인 목양에 종사한 듯하다.)

2 부모는 각기 아들들을 편애하게 되었는데 그 이유는 무엇인가? (28)

에서는 아버지가 즐기던 음식을 대접하여 부친 이삭의 사랑을 독점했다. 상대적으로 모친은 장막에 거하는 야곱을 사랑했다.

(에서를 편애한 이삭의 선택적 사랑이 에서의 사냥한 고기로 인함임을 밝힌다. 결국 이러한 부모의 편애가 자녀에게 끼친 영향을 두 아들의 생애와 그 후손의 역사에서 볼 수 있다.)

3 결국 부모의 편애와 형제의 기질적 갈등으로 인하여 어떤 일이 일어났는가?

형제간의 내적인 갈등이 고조

그 결과는 무엇인가? (34, 창27:5-13)

동생이 장자의 명분을 탈취하는 것으로 나타났다.

(어리석은 행위에 대하여 전혀 뉘우치는 빛이 없는 에서의 강퍅한 태도를 보여 준다. 인류의 첫 조상 아담과 하와가 영생을 금단의 열매와 바꾼 이래(3:6) 죄로 말미암아 인간의 지정의(知情意)가 마비되어(엡 2:1-3; 4:8) 무분별한 존재가 되고 말았다. 히12:16은 에서를 가리켜 '망령된'자라 일컫는데 이는 '속된' 혹은 '불경건한'이란 뜻으로 '속된 욕심 때문에 하나님이 주신 거룩한 축복의 기회를 하찮게 다루는 자'란 뜻이다.)

자녀에 대한 당신의 태도 중 고쳐야 할 점 3가지만 기록해 보라.

편애를 비롯, 지나친 간섭, 방임… 여러 유형의 부모가 있다.

1 부모의 유형 테스트 – 당신의 모습과 비슷한 것에 O표하고 나누어보라.

열린 대화마당이다.

1 자녀가 나의 생활에 방해가 되는 귀찮은 존재라고 느낀다.

2 다른 아이들과 비교하여 비난하고 창피를 준다.

3 자녀가 요구하는 것은 무엇이든지 해 주려고 한다.

4 다른 사람이 자녀를 꾸짖으면 그것에 대하여 항의한다.

5 자녀에게 높은 수준을 설정하고 기대한다.

6 자신이 달성하지 못한 것을 자녀를 통하여 달성하려 한다.

7 부모가 기분 내키는 데로 아이를 다룬다.

8 자녀에게 주일날도 공부하라고 교회에 보내지 않는다.

분석

거부형 – 1 · 2 과보호형 – 3 · 4 엄격 완고형 – 5 · 6 모순 불일치형 –7 · 8

2 에베소서 6:4절에는 자녀교육의 원리가 집약되어 있다.

우선 책임자	아비
조심할 일	자녀를 노엽게 함
교육의 방편1	주의 교훈
교육의 방편2	훈계

우선 책임은 아버지이나 그러나 어머니들이 자녀에게 미치는 영향력은 절대적이라는 것이 여러곳에서 언급되고 있다(잠1:18, 잠6:20).

또한 '노엽게 하지 말라'라는 말은, 자녀를 '이유 없이 감정을 상하게 하거나 화나게 하지 말라' 라는 뜻이다. 최근에 그런 기억은?

부모는 자녀들에게 정도 이상의 엄격한 훈련, 비합리적 요구, 권위의 남용 등을 행하지 말아야 하며 자녀의 관줃에서 생각하고 이해하여 자녀의 실제적인 행복에 관심을 가져야 한다. '교양'은 훈련이나 체벌을 동반·한 책망을 의미하며, '훈계'는 말로 하는 교훈이나 교정(矯正)을 의미한다. '아버지'는 이런 '교양과 훈계'를 통해 그리스도인다운 행동 양식을 가르쳐서 자녀들이 그리스도 안에서 성숙할 수 있도록 해야 한다.

3 당신의 가정에서는 현재 자녀 양육을 주로 누가 담당하고 있는가? 정상적으로 아이를 양육하기 위해 부부의 역할 분담을 어떻게 하면 좋을까?

자녀 교육의 비중을 말해보라. 부부간에 균형이 있는가.

 어떤 부모는 자녀를 방목하듯이 방치한다. 어떤 부모는 지나치게 과잉보호를 한다. 양쪽의 문제점은 무엇이라 생각하는가?

과잉보호와 방목, 두 극단 중하나에 쏠림 현상을 나누어보라. 재미있게도 '자신은 미처 그렇게 생각' 안했다는 사람이 많다.

자신은 어느 쪽에 가까운가?

'교양'은 징계(체벌에 의한 훈련)이고 '훈계'는 경고(말로써 교육)를 말한다. 만일 그대로 방치해 두면 어떤 결과가 일어날까? (잠29:15)

부모를 부끄럽게 만듬

(자기 멋대로 하도록 내버려 두어 어떤 악한 습관에 깊이 빠져버린 사람을 가리키는 말이다. 어떤 자녀가 이 지경에 이르렀을 경우 방관하여 아이를 망쳐 버린 그 어머니의 무관심 죄는 그 가정의 수치 혹은 불명예라는 결과를 낳는다. 일례로 다윗의 넷째 아들로서 자기가 하고 싶은 대로 하면서 자라났던 아도니야는 결국 솔로몬의 몫인 왕위를 찬탈하려다가 죽음을 당함으로써(왕상 2:24, 25) 다윗 가문의 큰 수치가 되었다.)

4 이스라엘 자녀에 대한 하나님의 명령

"오늘 내가 네게 명하는 이 (말씀)을 너는 마음에 새기고 네 자녀에게 부지런히 가르치며 집에 앉았을 때에든지 길을 갈 때에든지 누워 있을 때에든지 일어날 때에든지 이 (말씀)을 강론할 것이며 너는 또 그것을 네 손목에 매어 기호를 삼으며 네 (미간)에 붙여 표로 삼고 또 네 집 문설주와 바깥 문에 기록할지니라" (신6:6-9)

자녀는 분명히 부모의 소유나 점유물이 아니며 하나님의 선물이며 하나님의 백성으로 인격을 이루어 나가야 할 하나님의 지체입니다. 그러므로 신앙인으로서 자녀교육은 하나님의 명령이며 하나님의 뜻을 이루는 사역입니다. 성경적인 교육방법이란 세상 사람을 양성하는 것이 아니라 거룩한 하나님의 말씀으로 기록하여 주의 교양과 훈계로 교육하는 것입니다. 여기에는 심오한 하나님의 뜻이 있습니다. 성경적인 교육의 핵심은 신앙인의 부모로서, 무엇보다도 자녀를 하나님의 말씀으로 양육시켜야 한다는 것입니다. 세상적인 지식도 중요하지만 먼저 하나님을 알게 하고 하나님의 말씀을 가르치고 삶 속에서 신앙적인 인격과 신앙인 되도록 하는데 있습니다.

자녀는 하나님이 우리에게 주신 선물임과 동시에 함께 이 땅에서 하나님의 일을 해야 할 동역자이다. 자녀를 노엽게 하지 않기 위해 먼저 부모는 극단적인 말을 피하여야하고 인격적으로 본을 보여 주어야 한다. 그리고 자녀들과 될 수 있으면 질적인 시간을 가지고, 자녀의 실수를 인정할 뿐 아니라 부모의 실수도 자녀 앞에 인정해야 한다.

부모의 기도

"오 하나님, 저를 훌륭한 부모가 되게 하여 주옵소서. 나의 자식을 이해할 수 있게 하시고, 그들이 말하려는 것을 진지하게 듣게 하시며, 그들의 모든 질문에 부드럽게 대답할 수 있도록 하여 주옵소서. 나로 하여금 그들의 생각을 가로막거나 꾸짖지 말게 하여 주시고, 그들이 어리석은 짓을 하거나 실수하였을 때 웃지 말도록 하여 주옵소서. 그리고 제 자신의 만족이나 저의 권위를 내세우기 위해 그들을 나무라지 말도록 하여 주옵소서. 매순간마다 나의 말과 나의 행동을 통하여 정직한 것이 옳다는 것을 일러줄 수 있게 하여 주옵소서. 제가 기분이 언짢았을 때 나의 입술을 지켜주시고 그들이 어린이라는 것과 그들이 어른같이 행동할 수 없다는 것을 항상 기억하게 하여 주옵소서. 그들 자신이 스스로 결정을 내릴 때까지 기회를 허락할 수 있도록 저에게 참을성을 주시고 그들 스스로가 옳고 그름을 판단할 수 있게 하여 주옵소서. 저를 정직하고 바르며 친절한 부모가 되게 하시고, 그들로 하여금 존경받고 본이 되는 부모가 되게 하옵소서. 예수님 이름으로 기도합니다. 아멘" **알비게일 반 부렌**

금주간 부부간의 실천

	칭찬격려(횟수)	자녀돌봄(종류)	부모문안(O X)	부부대화(시간)
요일				

prayer & homework

***기도**

***과제**
자녀에게 사랑의 편지쓰기

▶▶ 자녀를 리더로 만드는 대화 십계명

1 "미안하다", "감사하다"를 입에 달고 살도록 하세요.
말하기는 습관. 어렸을 때 버릇들이지 않으면 커서는 민망해서 못 봅니다.

2 존댓말은 말 배울 때부터 가르치세요.
부모가 자녀에게 존댓말을 사용하면 아이도 따라하게 마련입니다.

3 남의 말을 경청하게 하세요.
남의 말을 잘 들으면 친구들을 잘 사귈 수 있습니다.

4 자녀가 할 말을 대신하지 마세요.
아이가 생각을 정리해 말할 수 있는 능력이 안 생기기 때문입니다.
말을 못하더라도 맞장구를 치며 끝까지 들어주도록 하세요.

5 말하기 매너도 가르치세요.
말하면서 머리를 만지작거리는 등의 나쁜 습관은 빨리 고쳐주세요.
그러려면 아이가 말할 때 부모는 하던 일을 멈추고 열심히 들어주는
게 우선되어야 합니다.

6 발표문은 스스로 쓰게 하십시요.

어려서부터 발표문을 스스로 써봐야 남 앞에서 자연스런 말투로 발표하는 능력이 길러집니다. 거창하지 않은 주제를 잡아 쉬운 단어로 쓰게 하세요.

7 때와 장소에 맞게 말하도록 하세요.

아이가 다른 사람 앞에서 눈치 없이 얘기할 경우 야단치지 말고 그 말이 어떤 나쁜 결과를 가져오는지 나중에 쉽게 설명하세요.

8 논리적으로 말하게 하세요.

개인 감정을 앞세우지 않고 원인과 결과를 정확하게 갖춰 말하도록 하세요. 풍부한 독서는 사고의 토대가 됩니다.

9 긍정적으로 말하게 하세요.

부모 먼저 긍정적인 표현을 사용해야합니다. 자녀의 기를 살려준다고 거친 말투나 욕을 해도 그냥 두면 아이를 망칩니다.

10 주제가 있는 토론을 자주 하세요.

성적, 친구 등 개인신상에 관해서만 얘기하면 부모와 대화하기를 싫어합니다. 시사문제, 국제흐름 등 폭넓은 주제로 토론해보세요.

큐 티 나눔

'복'이란 무엇이라고 생각하는가?

마태복음 6:19-24

예수님은 제자들에게 재물을 어디에 쌓아두지 말라고 하셨는가? (19)

땅

(본문의 장면은 은행이 발달하지 못했던 당시 팔레스틴인들이 자기의 소중한 물품을 땅속에 묻어두었던 전통에 입각해 제시된 것이라 할 수 있다(13:44). 땅은 하늘과 반대되는 장소의 개념을 가지고 있다. 이는 상징적으로 영원한 미래가 없는 순간적이며 변화무쌍한 이 세상을 의미한다고 본다. 이 말씀 속에는 현세적으로 보이는 것에 최선의 가치와 행복을 두지 말라는 개념이 포함되어 있다.)

예수님은 제자들에게 재물을 버리라고 하지는 않으셨다. 재물을 갖되 오직 어디에 쌓아두라고 하셨는가? 그 이유는 무엇인가? (20)

하늘

안전함 → 좀, 동록, 도둑으로부터

('좀'(moth)은 옷이나 음식을 해치는 벌레들, '동록'(rust)은 금속의 부식(corrosion)을 가리킬 뿐 아니라 간혹 쥐들이나 곰팡이에 의해 입게되는 해를 가리키기도 한다. 또한 당시 팔레스틴에 건축된 가옥들은 대개 진흙벽이나 흙색돌을 쌓아 만들어졌기 때문에, 도적들은 주택의 출입구를 통과하지 않고 그 흙 벽에 구멍을 뚫음으로써 그 집의 귀중품을 훔쳐갈수 있었다고 한다.)

예수님은 재물을 쌓아두는 장소를 중요시하셨다. 그것은 재물이 있는 곳에 무엇이 있기 때문인가?

마음 (21절을 물음)

(인간이 가장 소중히 여기는 것이 그 사람의 인격의 중심, 즉 마음을 사로잡아 지(知). 정(精), 의(義)

를 지배한다는 것이다. 즉 인간이 가장 소중히 여기는 보물은 부지불식간(不知不識間)에 그의 마음
에 틈타서 반드시 그의 행동의 방향과 그의 가치관을 결정짓고 만다.)

또한 '보물을 땅에 쌓음' 이 이기적인 재산의 축적이라면 '보물을 하늘에 쌓음' 은
무엇을 뜻할까?
이 땅 위에서 행한 선한 일

(영원한 가치를 지니는 것이면 그 무엇이나 해당된다. 즉 의(義)로운 일을 행하는 것, 그리스도를 위
해 고난 받는 것. 남을 용서해 주는것 등, 이 모든 것들은 보상이 뒤따른다는 점에서 하늘에 쌓아둔
보물이 된다(5:12;고후 4:17).)

예수님은 눈이 몸의 등불이라고 하셨다. 이 세상의 재물에 대한 욕심으로 인해서
우리의 영적인 눈이 흐려진다면 우리의 몸이 어떻게 되겠는가? (23)
어둠속에 묻힘

(세상 재물에 현혹(眩惑)되어 영적 세계와 참된 진리를 보지 못하는 눈은 온몸에 진리의 세계를 전달
해 주는 기능이 마비되었음을 뜻한다. 따라서 온몸으로 상징되는 그의 전 인격과 영혼은 아무것도
분간치 못하는 흑암 상태에 놓이는 것이다.)

예수님은 한사람이 두 주인을 섬기지 못한다고 하셨다. 두 주인은 누구누구인가?
재물, 하나님 (24절을 물음)

나는 하나님과 재물 중 어느 쪽을 포기할 수 있다고 생각하는가? (24)
하나님을 더욱 사랑하는 결단이 필요

('종'이란 오직 한 주인에게 전적으로 매인바 되어 그 주인의 명령에 자신의 전의지를 동원해 순종해
야 한다(Tasker). 따라서 그 종이 진실하다면 결단코 두 주인을 동시에 섬길 수 없게 된다. 만약 그가
두 주인을 섬긴다고 한다면 그는 그들을 자신의 주인으로서가 아니라 자기의 유익을 얻는 한 수단
으로서 그 주인들을 섬긴 것이 된다.)

(천지의 창조자이신 하나님을 그분의 피조물에 지나지 않는 물질과 동등한 위치에 두는 것을 의미
한다. 하나님은 전적인 헌신을 받으시거나 또는 아예 섬김을 받지 않으시거나 둘 중에 하나를 원하
신다. 그러므로 물질과 하나님을 동시에 섬기며 양자 모두에 헌신하고자 하는 것은 주를 따르는 제
자가 취할 태도가 아니며, 또한 이러한 행위는 부분적 죄악이 아니라 근본(根本)적인 죄악으로서 그

원인은 탐심이라는 우상숭배에 놓여있는 것이다. 그러나 주께서는 여기서 재산 소유를 정죄한 것은 분명 아니다. 사실 그리스도인 역시 세상에서 살아갈 때 재산을 모을 수 있으나 이를 인생의 목적으로 삼거나 그것만을 추구해서는 안 된다. 그리고 정당하게 모은 재산을 하나님의 뜻에 맞도록 사용할 수 있어야 하는 것이다.)

물질의 주인이 하나님이시기에, 물질에 대한 주재권을 인정하는 자세는 무엇보다도 중요하다. 그럼에도 불구하고 우리의 삶 속에서 주재권을 인정하지 못하는 상황들이 자주 발생한다. 어느 때에 물질에 대한 주재권이 인정되지 않는지 말해보라.

1 우리의 소비생활을 어떻게 이해할 것인가?

1 소비를 삶의 목적으로 이해하는 것. 그래서 가능하면 많이 소비하고 더 좋은 것을 사기 위해 열심히 돈 벌어야 한다. 그러나 눅12:20에서는?

우리 생명의 불예측성을 생각해야 함

(하나님이 생명의 근본이심을 거부한 사람을 가리켜 '어리석은 자'라고 했다(시 14:1) 부자는 '여러 해'를 계획했으나 하나님은 '오늘 밤'에 그의 영혼을 가져갈 것이다. '오늘 밤'은 그의 계획이 완전히 수포로 돌아감을 강조적으로 표현한 것이다. 이 재물은 그의 생명을 단 하루 밤도 지속시키는 힘을 갖지 못한다. 여기서 '영혼'은 생명을 뜻하고 '도로 찾으리니'는 인간의 생명이란 하나님께 대여 받은 것으로 언젠가는 되돌려져야함을 말해주며 생명에 관한한 하나님이 전적인 권한을 가지고 있음을 암시한다.)

2 소득 중 일부를 헌금하거나 다른 사람들을 위해 쓰면 나머지는 내가 알아서 해도 된다. 그러나 고전 10:31에서는?

모든 일(돈을 사용하는 것도)이 하나님의 영광과 이어져야 함

(본절에서 제시하는 '하나님의 영광'은 그리스도인의 전반적인 삶을 지배하는 기본 원리이다(골 3:17). 즉 그리스도인들의 모든 행동은 그것이 먹는 것이든 마시는 것이든 결국은 하나님의 영광을 위해서 행동해야 한다는 것이다.)

3 우리의 소비생활 전체에 성경의 원리가 적용되어야 한다고 믿는 것이다.

원리1 청지기 원리, 즉 하나님이 주인이고 우리는 주인이 위탁한 재산을 관리하는 자라는 의미. 소비에 있어서도 하나님께서 무엇을 기뻐하실지 생각하라는 것이다.

원리2 나그네 정신, 즉 영원의 관점에서 우리의 경제생활을 바라보라는 것이다. '어리석은 부자'처럼 이 땅에서의 삶에만 주목하지 말고 영원의 관점에서 우리 소비생활을 바라보고 행동하라는 말씀이다. 딤전6:7,8의 의미는?

본래 빈 손으로 온 존재이다. 고로 오늘의 필요한 것이 있음을 족해야 함.

(바울이 여기에서 강조하는 것은 어느 것에 관심을 가지고 생활해야 하느냐하는 점이다. 즉 최소한의 먹을 것과 입을 것만을 취하라는 의미보다는 '하나님의 나라와 그의 의'에 더 큰 관심을 가지라는 권면이다(마 6:33).)

2 그러면 어떻게 이 원리를 우리의 소비생활에 적용할 수 있을까?

1 과도한 소비를 경계해야 한다. 소비가 소득을 초과하면 부채가 늘고 이는 자신과 주위에 피해를 주게 된다. 기독교 윤리의 관심은 무조건적 소비의 금지가 아니라 건강하고 합리적인 소비형태의 형성에 있다. 나의 생활에서 소비에 대한 적절한 기준은 어떤 것일까?

각자의 경제 소비 생활을 말해보라.

(수입을 100으로 잡을 때 각 항목의 가계 지출비율을 써보게 하라.)

2 윤리적 관점에 따라 소비를 해야 한다. 물건을 살 때 물건을 만든 기업이나 생산자가 도덕적, 환경적으로 아무런 문제가 없는지 따져본다.

3 나눔의 경제활동이 필요하다. 영원의 관점에서 가장 수익이 큰 투자는 하나님께 돈을 빌려드리는 것이다. 그런데 현실적으로 그것이 실천되는 방법은? (잠 15;17)

흩어 구제하여도…

3 리처드 포스터는, "돈은 단순히 중립적인 교환의 수단이 아니라 그 자체가 생명을 가지고 있는 '힘'(POWER)이다. 그것도 매우 자주 그 성격상 악마적인 '힘'인

것이다” 라고 말하고 있다. 그러므로 ‘돈은 그냥 돈이다’ 라고 생각하기보다는 ‘돈은 영적 세력이다’ 라고 생각하는 편이 더 옳다. 이 글을 읽고 돈에 대한 개인의 생각을 자유롭게 말해보라.

우리의 삶은 → 돈을 다스리든지 돈의 다스림을 받든지 하나일것이다.

4 빈 ( ) 채우기

“이 세상이나 세상에 있는 것들을 사랑하지 말라 누구든지 세상을 사랑하면 아버지의 사랑이 그 안에 있지 아니하니 이는 세상에 있는 모든 것이 (육신의 정욕과 안목의 정욕과 이생의 자랑)이니 다 아버지께로부터 온 것이 아니요 세상으로부터 온 것이라 이 세상도, 그 정욕도 지나가되 오직 하나님의 뜻을 행하는 자는 영원히 거하느니라”
(요일 2:15-17)

어떤 무명의 그리스도인 고백

생필품을 살 수 있는 약간의 돈
즐겁게 일할 수 있는 건강
하나님의 일을 할 수 있는 믿음
죄를 고백하고 그것을 잊을 수 있는 은혜
착한일이 이루어지기까지 수고를 견디는 인내
다른 사람을 돕고 다른 사람에게 유용한 사람이 될 수 있는 사랑
어려움과 싸우고 그것을 극복할 수 있는 힘
미래에 대한 두려움을 뛰어넘는 소망
이것만 있으면 행복합니다.

닻 내림

신자들이 이 세상에서 하나님 아버지께서 주시는 축복을 누리며 사는 것은 결코 악한 것도 아니고 죄도 아니다. 그러나 두 가지 사실을 기억하라. 그것이 신자의 인생의 목적일 수 없다는 것과, 그 ‘누림’ 이 결코 지나쳐서는 안 된다는 것이다.

어떤 무명의 그리스도인 고백 “생필품을 살 수 있는 약간의 돈, 즐겁게 일할 수 있는 건강, 하나님의 일을 할 수 있는 믿음, 죄를 고백하고 그것을 잊을 수 있는 은혜,

착한일이 이루어지기까지 수고를 견디는 인내, 다른 사람을 돕고 다른 사람에게 유용한 사람이 될 수 있는 사랑, 어려움과 싸우고 그것을 극복할 수 있는 힘, 미래에 대한 두려움을 뛰어넘는 소망– 이것만 있으면 행복합니다.”

*기도

----

*과제

우리 가정의 재정 원칙

1 돈은 주님께 영광을 돌리기 위한 수단이지 탐욕의 대상이 아니다.

2 과도한 사유재산을 소유하지 않는다.

3 교육, 은퇴 등 돈에 대한 필요를 예측해 저축한다.

4 절제, 검소하고 계획성 있게 소비를 한다.

5 빚지지 않는다.

6 주일은 돈 버는 일에서 벗어난다.

7 벼락부자를 꿈꾸지 않는다.

8 이익을 위해 돈을 제공하지 않는다.

9 돈으로 자녀를 기르려 하지 않는다.

약속인 서명　남편 ________________　아내 ______________

돈을 잘 쓰는 네 가지 방법

첫째는 내 신분에 맞게 사용하고 있는가?

둘째는 주의 뜻을 따라 쓰고 있는가?

셋째는 나는 이것을 예수그리스도를 통하여 하나님께 드리는 헌금으로 생각할 수 있는가?

넷째는 의인이 부활할 때 지금 쓰고자 하는 일로 상받을 수 있는가?

요한 웨슬레

큐티나눔

리더십이 있는 사람이란 어떤 사람이라고 생각하는가?

'머리가 될지언정 꼬리가 되지 않게 하소서' 라는 기도에 대해 어떻게 생각하는가?

출애굽기 17:8-13

이스라엘 백성이 애굽을 떠나온 지 한달을 훌쩍 넘기게 되었다. 홍해의 감격도 희미해지고 척박한 광야의 환경으로 힘들어하기 시작했다. 이즈음 그들은 첫 번째로 대적과의 싸움을 해야 했다. 습격을 해 온 아말렉은 에돔 사람들로부터 갈라져 나와 시내 반도에서 그 세력을 뻗치며 유랑하던 유목민들이었다(창 36:11,12).

1 지도자 모세는 머뭇거리지 않았다. 그의 대응전략을 말해보라. (9)

여호수아는? 적과 맞부딪혀 싸움

모세 자신은? 산꼭대기에 섬

11,12절에서 보는 바 산 위의 상황을 묘사해보라.
(모세가 자신은 산에 올라 기도할 것임을 암시하고 있다. 즉 지도자 모세는 선택된 병사들을 전쟁터에 보낸 후 그들을 위하여 기도하려 한 것이다. -모세와 아론과 훌은 산꼭대기에 올라가서- 기도의 동역을 보여 주는 구절이다. 중요한 공적(公的)문제는 혼자 하는 것보다 여러 사람이 함께 할 때에 하나님께서 더욱 기뻐하신다. 모세가 손을 든다는 것은 간구하는 기도의 표현을 말하며, 손을 내린다는 것은 기도의 중지를 상징한다. 당시 모세는 80여 세의 노인이었으니 오랫동안 손을 들고 기도한다는 것은 무리였을 것이다. 따라서 그의 신실한 동역자들인 아론과 훌이 모세를 도왔는데 이는

지도자와 아랫사람 간의 모범적인 관계의 일례이다. 사실 사단의 군대와 싸우는 영적 전투의 최일선에 서서 고군 분투하는 교회의 지도자는 그 누구보다도 힘을 잃기 쉬운데, 이런 때일수록 성도들은 아론과 훌처럼 기도와 격려로써 그를 성원해야 할 것이다.)

2 싸움의 결과는 어떠했는가? (13)

아말렉을 쳐서 무찌름

(이것은 여호수아가 아말렉과 그의 백성들을 파한 것이 자신의 능력으로 한 것이 아니라 앞 구절의 결과, 즉 모세가 드린 기도의 결과로서 된 것임을 강력하게 암시한다.)

승리를 이끌어 낸 훌륭한 리더로서의 모세를 분석해보라.

하나님에 대해 전적으로 하나님의 능력을 의지함

사람들에 대해 주위 사람들의 도움을 요청함

(혼자 호기를 부리거나 만용을 부리지 않음.)

리더는 그가 어디로 가고 있는지 목표를 명확히 알고 있는 사람이다. 리더는 주변 사람들을 설득시켜 비전을 나누고 함께 간다. 리더는 동기부여자로서 사람을 움직이는 사람이다.

리더는 생각하면서 <u>앞서가는 사람</u>이며
행동으로 <u>실천하는 사람</u>이다.

3 이 승리의 현장에 모세 외의 두 사람의 역할에 대해 생각해보라. 만일 그들이 잘못된 조력자였다면 어떻게 했을 수 있는가?

모세를 방관하거나 혹 방해(자리를 차지하려 함)할수도 있다.

어느 모임이나 지도자와 조력자로 형성된다. 지도자는 한 사람이면 족하다. 그러면 더 필요한 것은 어떤 자인가?

충성스런 조력자가 필요하다.

우리는 모두 리더가 되어야 하는가? 머리가 되는 것만이 하나님의 축복이고 하나님의 바라시는 뜻일까? 머리가 되는 축복(신 28:13)은 B.C 14세기 이스라엘 민족에게 주신 말씀이다. 하나님의 율법을 지키며 살 때 결과적으로 주어질 많은 복들 중의 하나였다.

1 원래 높아짐과 낮아짐에 대한 하나님의 뜻은 무엇인가?

(마 20:28)   예수님 자신이 섬기려 이 땅에 오심
(눅 14:11)   자기를 낮추는 자가 높아짐

인간의 높고 낮음은 전적으로 하나님께 달려있는 것이지 인간의 자기 추구에 의해 획득되는 것이 아니라는 사실을 시사한다. 사람은 높아짐을 당하거나 낮아짐을 당할 수 있을 뿐 그것을 결정하시는 주체는 하나님이라는 것이다. 그리고 인간편에서 취할 수 있는 최선의 자세, 가장 아름다운 자세가 바로 겸손임을 강조한다.

아! 우리에게 필요한 것은 조력자로 서는 것이다.
리더십(leadership)에서 팔로워십(Followership)으로!

1 모든 리더는 하나님께서 세우셨다는 사실을 이해하고 그 권위 자체를 인정하라.
2 리더십을 인정하는 것은 하나님께서 우리를 시험하시는 과정이다.
3 리더십을 인정한다면 리더의 명령을 순종하는 데까지 나가야 한다 .

2 이 주제로 마태복음 7:12을 볼 때 배우는 것은 무엇인가?

자신이 높이 여김을 받고 싶다면 나도 상대를 높이 여길수 있어야 함

("사람들이 너희에게 행해 주기를 원하는 바의 모든 것들을 그와 같이 너희가 저희에게 행하라". 인본주의에서는 내가 원치 않는것을 남에게도 행치 말라고 하여 겨우 악을 다른 사람에게 하지 않을 정도이지만 여기서는 자기에게 좋은 것을 남에게도 하라고 하였으니 적극적 도덕이다.)

다른 사람들로부터 당신의 리더십을 인정받고 싶은가?
그렇다면 당신도 다른 사람의 리더십을 인정해주라!

3 요즘의 리더십 유형 가운데 가장 주목받는 것은 바로 이 서번트 리더십이다. 현대인들의 개인주의적 성향이 더해갈수록, 리더에게 요구되어지는 핵심적인 역량은 '구성원 각인의 역량을 어떻게 극대화하여 조직의 목표를 성취하는가' 하는 것이다.

제임스 C. 헌터가 말하는 서번트 리더십의 8가지

1 인내	2 친절	3 겸손	4 존중
5 무욕	6 용서	7 정직과 성실	8 헌신

위 덕목 중에 당신의 경우 가장 어려운 것은?
한 항목씩 그 특성을 말해보자. 그리고 각기 자기의 입장을 말해보라.

4 다음은 변질된 리더십의 모습들이다. 각각이 어떤 경우일지 말해보라.

유아 독존형 리더
자기 외의 결코 다른 이를 인정치 않음

지나치게 과묵한 리더
불필요한 침묵을 지킴

눈높이를 맞추지 못하는 리더
자기 입장에서 처신함

미스 커뮤니케이터형 리더
다른이들과 상호 교통이 되지 않음

당신이 리더라면, 어느 항목에 가까울 수 있다고 보는가?

각자 자신의 취약부분을 생각하라.

5 빈 ( ) 채우기

"여호와께서 아브람에게 이르시되 너는 너의 고향과 친척과 (아버지)의 집을 떠나 내가 네게 보여 줄 땅으로 가라 내가 너로 큰 민족을 이루고 네게 복을 주어 네 이름을 창대하게 하리니 너는 (복)이 될지라 너를 축복하는 자에게는 내가 복을 내리고 너를 저주하는 자에게는 내가 저주하리니 땅의 모든 족속이 너로 말미암아 복을 얻을 것이라 하신지라" (창 12:1-3)

인류의 새 믿음의 시조가 된 아브라함의 소명의 장면이다. 여호와의 부르심에 응하면서 그는 믿음이 선조가 되었다.

우리 그리스도인들이 세상 곳곳에서 선한 영향을 끼치는 리더로 세움받기를 주님은 원하신다.

리더의 조건을 LEADER 철자로 보면

Listen 경청하라

Applaud 잘한 것을 칭찬하라

Educate 일하는 방법을 가르쳐라

Express 관심과 기대를 표현하라

Depend on 믿고 맡겨라

Rear 강점을 육성하라

1 비전을 품으라

유능한 리더는 자신이 성취해야 하는 일에 대한 비전을 갖고 있다. 그 비전은 모든 문제를 뚫고 나아가는 힘과 노력의 원동력이 된다. 비전을 가진 리더는 사명에 착수한다. 그리고 그 열정을 사람들에게 전염시켜 다함께 일어나게 한다. 비전을 발견하는 과정은 먼저 자신의 안을 볼 수 있어야 한다. 비전은 자신의 내면에서 나와야 한다. 둘째 모든 리더의 비전은 자신의 개인적인 경험에 기초를 두어야 한다. 셋째 리더로서 언제나 다른 사람들을 고려해야 한다. 넷째 리더는 사소한 일에 집착하지 않는다. 그들은 모든 일을 산 정상에서 내려다본다. 다섯째 하나님이 당신에게 주신 비전은 자신의 운명에 기여해야 한다. 마지막으로 최고의 리더들은 위대한 일을 이루기 위해 세상에서 활용할 수 있는 모든 자원을 활용해야 한다.

2 결단하라

리더가 결단력을 발휘해야 할 때는 진실을 추구하고 변화에 대한 열망이 있으며 확신하는 바를 말하고 난관을 극복하고자 하며 배우려고 성장하는 소망이 있고 어려운 길을 선택하려할 때 리더로서 행동하는 모든 순간이다. 그렇다면 어떻게 리더가 될 자격을 갖춘 영향력 있는 사람이 될 것인가? 사람들과 온전한 관계를 맺고 사람들을 양육한다. 사람들을 신뢰하며 사람들의 말을 경청한다. 사람들을 이해하며 사람들을 성장시킨다. 사람들에게 방향성을 제시하고 사람들과 관계를 가진다. 사람들에게 위임할 수 있어야 하며 영향력 있는 사람을 배출해야 한다.

3 행동하라

가장 어려운 환경에서 리더가 보여준 인격과 용기는 그에게 리더가 될 자격을 획득하게 해준다. 용기의 기초는 개인적인 시작이다. 우리가 혼자 행동할 수 없다면, 함께 행동할 수 없다. 용기가 우리에게 가르치는 것은 두려워해야 할 것과 두려워하지 않아야 할 것이다. 이런 지식은 행동함으로써만 얻어진다. 그리고 그 지식으로부터 우리는 큰 역경을 인내할 수 있고 또 다른 사람들을 이끌어내는 내적인 힘을 얻는다. 대부분의 어려운 시기에 한 사람을 리더로 만드는 것은 용기이다.

4 인격을 갖추라

삶의 본을 보이지 않는 리더보다 더 위험한 사람은 없다. 리더는 성공뿐 아니라 실패에 대해서도 책임을 져야 한다. 그것이 리더십을 배울 수 있는 유일한 길이다. 계속해서 배운다면 성장할 것이다. 그리고 때가 되면 합당한 리더의 자격이 주어질 것이다. 인격은 다른 어떤 자질보다도 리더를 앞서가게 해 주는 것이다. 인격은 말보다 중요하다. 그리고 인격의 부재는 곧 파멸이다. 리더로서 멀리 가고 많은 것을 하기 원한다면 온전한 인격만큼은 절대 타협해서는 안 된다.

5 모험하라

리더들은 위험을 무릅쓴다. 그렇다고 해서 그들이 무모하다는 말은 아니다. 좋은 리더는 결코 무모하지 않다. 하지만 좋은 리더들은 안전한 길만 선택하지 않는다. 어떤 사람도 새로운 일을 시작하면서 동시에 안전하게 해낼 수 없다. 리더는 종종 사람들을 낯선 곳으로 인도하여 그들이 스스로 행군하게 해야 한다. 위험을 무릅쓰는 리더는 다음과 같은 특징들을 보여 준다. 먼저 정보를 지혜롭게 모은다. 힘있게 감행한다. 철저히 준비한다. 성공적으로 실패한다, 유연성을 보인다. 타이

밍을 잘 파악한다. 얻을 수 있는 것을 상상한다. 문제점을 발견한다. 사명을 잊지 않는다. 올바른
동기들을 갖고 있다. 따르는 사람들에게 승리를 가져다 준다. 확신을 갖고 전진한다.

6 희생하라

리더는 포기하기 위해 용기를 내야 한다. 리더들에게 용기와 인격이 필요한 이유 중 하나는, 희
생이 리더십의 핵심 요소일 경우가 많기 때문이다. 성경에 나오는 리더인 노아는 리더가 되기 위
해 자신이 알고 있는 모든 사람과 장소를 포기해야 하는 엄청난 희생을 치른 첫 번째 사람이다.
이것이 노아가 간 길이다. 아브라함은 그가 어디로 가는지도 모르고 갔다. 목적지에 도착한 후에
도 뿌리를 내리고 정착하도록 허락 받지 못했다. 그는 평생을 장막에서 살았다. 요셉 또한 자신
의 안락도 가정도 자유도 포기했다. 사도 바울은 바리새인중의 바리새인이라는 순탄한 삶을 포
기했다. 리더십에는 항상 대가가 필요하다. 리더가 되어 다른 사람들을 인도하는 일에는 희생이
따르기 마련이다.

7 섬기라

리더십은 좋은 의도에 기초해야 한다. 좋은 의도란 거짓된 태도를 갖지 않는 것이며 적어도 사람
들을 이용하지 않는 것이다. 좋은 의도란 따르는 사람들을 돕는 데 전심을 다해 헌신하는 것을 의
미한다. 우리는 우리가 두려워해야 하는 리더에 질렸고, 함께 있어야 자유를 쟁취할 수 있게 만드
는 리더에 질려 버렸다. 우리가 원하는 리더는 우리를 도우려는 마음 때문에 실제로 자기 일에 대
한 필요조차도 내려놓을 수 있는 리더다. 그런 리더는 결코 자신의 일에서 밀려나거나 사람들을
잃지 않는다. 위대한 리더는 권위를 포기함으로써 권위를 얻는다.

존 맥스웰

***기도**

***과제**

주위에 바람직한 지도자를 찾아보고 그의 특징을 요약해온다.

▶▶ 상대를 이끄는 10가지 요인

1 웃음 웃는 얼굴을 외면하기는 힘들어요. 마음에 드는 상대를 만났다면 그저 웃는 얼굴을 보여주세요. 좋아한다는, 관심 있다는 의사 표현은 말뿐 아니라 행동, 특히 방긋 웃는 모습이 효과적입니다. 웃음은 일단 상대방의 관심을 유도하게 됩니다.

2 개방적인 태도 턱을 고인다거나 팔짱 끼는 것. 말할 때 입을 가리는 등의 행동은 방어적인 태도로 느껴집니다. 그것은 상대방을 경계한다는 표현. 이럴 땐 그 어느 누구도 당신에게 접근하기 힘들 것입니다. 무심코 하는 습관적인 자신의 행동을 체크해 보세요. 속마음과 달리 상대는 당신의 태도에서 방어벽을 발견하게 됩니다.

3 앞으로 기울이기 미팅에서 마주 앉아 뒤로 기대어 앉는 건 '너한테 관심 없어', '지루해' 라는 표현. 의자를 테이블에 붙여 앉고 상체를 약간 앞으로 숙이며 상대방을 대한다면 좋겠죠? 하지만 테이블 절반 이상 앞으로 넘어가는 건 오버인 거 잊지 마세요!

4 스킨십 자신의 양팔을 쭉 편 공간이 '개인적인 공간'. 이 공간 안에 누가 들어오면 굉장히 신경 쓰이고 긴장하게 되죠. 이 거리 안에 자연스럽게 받아 들여지는 사람이 바로 '호감가는 사람'. 극장에서 옆에 앉거나 여럿이 만나는 자리에서 맘에 들면 일단 옆자리를 확보해서 알짱알짱 거리는 것이 효과만점!

5 눈 맞추기 흘깃흘깃 기분 나쁘게 훔쳐보지 말고 정식으로 마주보며 눈을 맞추세요. 상대방과 맘이 통하면 그 쪽에서도 시선을 피하지 않을 것입니다. 그것이 바로 첫눈에 반한다는 얘기겠죠?

6 맞장구 치기 호들갑 떠는 맞장구가 아니더라도 그저 고개를 끄덕인다든가, 입가에 미소를 짓는다든가 하는 약간의 모션만으로도 상대방의 호감을 얻을 수 있어요. '네 이야기에 귀를 기울이고 있어' 라는 의미에서 맞장구는 아주 중요한 요소입니다. 사람은 대화를 할 때 상대방이 자신의 얘기에 집중하고 있다는 것에 안도하고 호감을 갖는다고 합니다.

7 놀라게 한다 놀이동산에 놀러 갔을 때, 롤러코스터같은 스릴 넘치는 기구를 타면 사람은 흥분 상태에 있기 마련입니다. 그 때 상대방을 보면 호감이 생겨납니다. 기회를 잡으세요!

8 여운을 남기기 데이트를 마칠 무렵 "오늘 즐거웠어, 이만…"은 끝을 의미하는 것 같아요. 오늘 할 일을 다 끝냈다는 느낌이 들면 다음에 또 만나고 싶다는 생각을 하지 않을 것입니다. 무언가 미진하고 미완성된 느낌을 남겨 두어야 다음에 만날 기회가 또 생기는 법이겠죠?

9 전염시킨다 한 사람의 심리적인 상태가 상대방에게 전염되는 것을 '거울 효과'라고 합니다. 하품을 하면 곧 여러 사람이 하품을 하게 되는 것과 비슷하죠. 관심을 끊임 없이 표현하면 역으로 그의 반응이 올 것입니다. 특히 연애에 있어서는 자신의 밝고 명랑한 성격을 어필하는 것이 좋습니다.

10 두 번째 인상 오히려 첫인상이 나쁜 사람의 연애 성공률이 높다고 합니다. 처음에 좋은 인상이었던 사람은 그 다음에 기대치가 높아서 본래보다 더 멋진 모습을 보여야 하지만, 별 기대 없이 나간 두 번째 만남에서 좋은 면을 더 쉽게 발견할 수 있습니다. 심리학에서는 첫인상보다 두 번째 인상을 더 중요하게 여깁니다.

*8 생명 존중

여는 시간

년   월   일   시   장소

차와 나눔

" 주님과 喜怒哀樂 "

찬양

점검 " 지난주 제자의 삶"
성경읽기 (전혀못함0, 1, 2, 3, 4, 5, 6, 7, 8, 9, 10완벽함)
성구암송 (전혀못함0, 1, 2, 3, 4, 5, 6, 7, 8, 9, 10완벽함)
교재예습 (전혀못함0, 1, 2, 3, 4, 5, 6, 7, 8, 9, 10완벽함)
특별과제 (전혀못함0, 1, 2, 3, 4, 5, 6, 7, 8, 9, 10완벽함)
매일큐티 (전혀못함0, 1, 2, 3, 4, 5, 6, 7, 8, 9, 10완벽함)
가정예배 (전혀못함 0, 1, 2, 3, 4, 5, 6, 7, 8, 9, 10 완벽함)
점검 파트너 이름 /   서명 /

태신자를 위한 한 주간의 점검

태신자를 위한 점검
전화 ○ × 기도 ○ × 편지 ○ × 방문

전도를 위한 선행

큐 티 나눔

오늘날 생명 경시의 현상은 어떤 것들이 있을까?

출애굽기 20:13

하루를 멀다하고 뉴스에서는 살인 사건을 보도하고 있다.

1 출20:13은 십계명의 몇 번째 계명인가?

6번째

(이는 인명을 위협하는 모든 행위에 대한 금지 명령이다. 따라서 여기에는 부주의(신 22:8), 방종(레 19:14) 또는 증오, 분노 및 원한(레 19:17, 18)등에서 오는 모든 살인 및 상해 행위가 포함된다.)

이는 생명의 존엄성에 관한 계명이다. 즉 인명을 위협하는 모든 행위에 대한 금지 명령으로 여기에는 부주의(신 22:8), 방종(레 19:14), 분노 및 원한(레 19:17,18) 등에서 오는 모든 살인 및 상해 행위가 포함된다.

2 이러한 계명의 근거는 무엇인가?

(레 17:11)

모든 생명이 하나님께 속함

(창 9:6)

모든 인간이 하나님 형상으로 지음 받았기에

(따라서 이를 어기는 것은 결과적으로 곧 하나님의 주권에 도전하는 짓이자, 하나님의 형상을 파괴하는 행위가 된다. 그런데 신약시대에 이르러 그리스도께서는 결과로서의 살인 뿐만 아니라, 살인의 결과를 낳을 수 있는 모든 원인까지도 금지시킴으로써(마 5:21, 22) 이 규정을 더욱 승화시켰다.)

타인에 대한 살인 행위는 엄격히 금지된다(출21:14).

3 살인은 생명의 주인이신 하나님께 대한 사악한 도전이다. 예수께서는 무엇까지 금하시는가? 이 문제로 당신 자신을 돌아보라(마 5:21,22).

노하거나 욕하지 말 것

(예수는 모세의 율법에 대한 완전한 성취자로서의 신적 권위를 1인칭 주어 '나'를 통해 역설하셨다. 실로 예수께서는 단순한 문자적, 의식적 차원에서의 율법을 넘어서서 그것의 궁극적, 본질적 차원에서의 율법을 설명하시고 계신 것이다. 예수는 살인의 근원은 분노(忿怒)이며, 분노도 원리상으로는 살인이라고 하는 자신의 가르침을 율법이 실제로 지향하는 바라고 주장하였다. '라가', 이 단어는 상대의 인격을 매우 경멸할때 사용하던 일종의 욕이다. 미련한 놈 역시 '라가'와 거의 같은 뜻의 모욕이다.)

뉴스에 보도되는 살인 사건보다 더 가혹한 살인이 '낙태' 라는 이름으로 자행되고 있다. 전 세계의 임신한 여성중 5분의 1이상이 낙태를 하는 것으로 조사됐다. 방송 보도에 따르면, 국내에서는 낙태시술이 하루 평균 4천여 건에 이르고 한해 약 150만에서 200만여 건이 된다고 하였다.

1 태아 생명에 대한 성경의 입장은 무엇인가?

(시 51:5)　죄 중에 잉태됨(성경은 인간 생명을 그 시초부터 언급함)

(시편 기자는 자신의 존재의 시작으로부터 인간의 죄성에 깊이 연루되어 있었다고 자각했다는 점이다.)

(눅 1:44)　(엘리사벳이 세례요한을 잉태했을 당시의 고백)

아이가 기쁨으로 태 속에서 반응함을 말함 → 한 인격체로 간주

(메시아에 관한 계시와 마리아에 관한 모든 사실을 알게 되었고 또한 복중의 태아도 기쁨으로 뛰어놀았다. 엘리사벳의 복중의 아이도 기뻐하며 자신의 아이에게 경배하자 마리아는 크게 기뻐하지 않을 수 없었다.)

2 '언제부터 인간이 되는가?' 인간의 생명은 하나님의 주권에 의해, 수정되는 순간에 시작되는 하나님의 선물이다. 어느 누구도 태어나지 않은 사람의 생명을 빼앗을 수 없다.

드문 경우지만 부득불 낙태가 용인되는 사례들을 생각해보라.
현실적으로 자행되는 상황들?
강간 임신의 경우, 장애아로 판명된 경우, 원치 않는 성별의 경우….

우리나라에서는 흔히 낙태라고 불리우는 임신중절의 남발을 막기위해 모자보건법(제14조)에 인공임신중절수술의 허용 한계를 명시하고 있습니다. 의사는 다음에 해당되는 경우에 한하여 본인과 배우자(사실상의 혼인관계에 있는 자를 포함)의 동의를 얻어 인공임신중절수술을 할 수 있다.

① 본인 또는 배우자가 대통령령이 정하는 우생학적 또는 유전학적 정신장애나 신체질환이 있는 경우
② 본인 또는 배우자가 대통령령이 정하는 전염성 질환이 있는 경우
③ 강간 또는 준강간에 의하여 임신된 경우
④ 법률상 혼인할 수 없는 혈적 또는 인척간에 임신된 경우
⑤ 임신의 지속이 보건의학적 이유로 모체의 건강을 심히 해하고 있거나 해할 우려가 있는 경우

그러나 모든 잉태된 생명은 천부적인 것이므로 존중되는 원칙을 우선시해야 한다.

이 역시 낙태가 "보다 덜한 악"이 될 수 있는 경우일 뿐이며 역시 심오한 슬픔을 가지고서 임해야 한다.

낙태와 관련하여 교회와 성도들이 실천해야 할 일들 ?

부부가 치밀한 가족계획 하에 절제된 성생활을 해야 함. 낙태반대 운동과 같은 생명존중 운동에 참여함. 낙태에 직면한 여성들을 위해 기도함. 관련 기구를 재정적으로 후원함(낙반연 등). 낙태를 시행하는 의사나 병원에 경종을 울림. 목회자나 상담가는 위기임신에 처한 여성에게 도움되는 방법을 알려줘야 함.

3 현재 우리나라의 자살률은 10만 명당 8.5이고, 전 세계적으로 40초마다 한 명이 자살을 한다. 자살의 원인은 무엇인가?

청소년들은 자기 내부의 갈등과 외부의 충격에 자신을 통제하는 힘이 없기 때문이며, 성인들의 경우는 직장, 사업, 인간관계의 어려움이 생길 때의 절망감 때문이다. 근래에 들은 누군가의 자살 소식을 알고 있는가?

(자살의 동기를 분류해보면 몇 가지 욕구에 의한 것임을 알 수 있다. 복수하고 남에게 벌주거나 남을 꼼짝 못하게 지배하려는 욕구, 희생과 속죄의 욕구, 고통으로부터 도피하려는 욕구, 죽어서 저 세상에서 만나고 후세에 다시 태어나고 싶은 환상적 욕구 등이다. 이와는 달리 창조적 충동으로서의 자살도 있다. 사랑하는 대상을 잃었을 때, 자존심의 상처, 너무나 엄청난 죄책감과 분노에 사로잡힐 때, 자살 희생자의 처지를 공감할 때 자살기도를 하게 된다. 특히 충동이 많은 사춘기에는 막연한 자살관념으로 인하여 자살을 기도하기도 한다. 많은 청소년이 삶과 죽음을 생각하며 자살에 대해 생각하지만 이런 관념은 단지 무의식적인 변환의 충동이 구체적 관념에 표현된 것이기 때문에 실제로 자살 시도에는 그다지 이르지 않는다. 다만 현실의 벽에 부딪혀 어찌할 수 없는 절망의 상황이라면 문제는 달라지는 것이다. 그러기에 주변 사람들은 그럴 가능성이 있는 것으로 의심되는 경우에 자살의 위험요소를 인지해야만 한다.)

자살의 위험요소(risk factors)를 파악하는 일은 자살의 예방적 효과를 갖는다. 물론 자살기도자들의 단일 요소로서 자살의 직접적인 원인을 파악한다는 것은 쉽지 않다. 그러나 통계적으로 자살의 가능성이 높은 '위험 요소'를 파악할 수는 있다. 여기에는 성별, 연령, 정서 및 행동, 외부적 계기, 스트레스, 자살 시도 경력, 사회적 조건 등이 고려된다. 남자와 여자의 성별에서 자살 시도는 남자보다 여자가 더 많이 하지만 실제로 사망은 남자가 더 많다고 한다.

그 이유는 자살방법에서 남자가 더 죽을 수 있는 방법을 사용하기 때문으로 추정한다. 우리나라에서는 남자가 차지하는 자살비율이 65~70%로 나타난다. 연령에서 보면 과거에는 25~45세의 자살이 많았으나 최근에는 10대를 비롯한 청년기의 자살이 증가하는 것으로 보인다. 자살을 시도하는 사람의 정서적 및 행동을 보면 우울증에 빠진 사람, 희망을 잃은 사람, 외로운 사람, 독신자, 알코올중독 혹은 남용자, 정신질환자, 정신질환에서 회복된 사람 등이다. 외부적 계기로서는 친구, 가족, 우상적인 사람의 자살이나 죽음, 명예훼손, 심각한 질병 등이다. 스트레스와의 관련해 직장에서의 사고나 압력, 이혼 등 가정 내 스트레스, 실직 등이 해당한다. 자살 시도의 경력에서는 아무래도 자살을 기도한 적이 있는 사람이지만 사회적 조건에서는 정서적 지지 세력이 없거나 중요한 사람으로부터 거부, 거절당함 등이 우위를 점유하고 있다.

4 성경이 자살을 반대하는 이유– 다음 ( )를 채우라.

1 고전 6:20을 읽으라. '우리는 생명의 소유자가 아니라 생명의 청지기이다. 우리의 몸이 우리 자신의 것이 아니다. 소유권은 (하나님)께 있다. 한 사람이 언제 어떻게 죽는지 결정하시는 분은 하나님 한 분이시다.'

2 자살은 (죄)에 종노릇하는 행위이기 때문이다. 복음의 핵심내용은 예수께서 이 땅에 오셔서 죽음을 정복하시고 우리를 구원하셨다는 것이다. 그러기에 우리가 스스로 목숨을 버리는 것은 우리가 이겨내야 할 원수인 사망에 굴복하는 행위인 것이다.

(신앙의 본질을 회복해야 한다. 잘못된 신앙, 형식적인 신앙은 생활에서 위력을 발휘할 수 없다. 신앙이 왜 활력이 없는가의 질문은 그 원인론적으로 삶의 의미와 관련되는 문제다. 신앙의 무기력은 진정한 삶의 의미를 상실한데서 비롯되는 것으로 볼 수 있다. 활력을 가져야 할 신앙생활이 그렇지 못하다면 질병의 상태와 다르지 않기 때문이다. 빅터 프랭클(Viktor E. Frankl)은 그 원인의 하나로 현대인의 무의미(無意味)를 정신적 문제로 지적한다. 현대인에게 삶의 무의미(無意味)는 삶의 무기력으로 이어지고 그것은 정신병의 원인이 된다는 것이다. 무의미(無意味)가 삶의 무기력과 정신병을 유발하는 요인이라면 신앙생활과도 무관하지 않을 것이다.)

교인(敎人)은 무의미는 아니라 해도 곧잘 무기력의 상태에는 노출될 수 있다. 게다가 신앙생활이 무의미한 상태에 있는 교인이라면 언제든 무기력으로 이어질 것을 배제할 수 없다. 신앙생활의 무의미, 활력 없는 신앙생활을 하는 교인은 그대로 무기력을 초래할 개연성에 노출되어 있다. 이런 상태에서 교인은 잠재력이 침전되고 삶의 단조로움과 무기력이 느껴질 것이다. 이것은 왠지 모르게 '힘이 나지 않는다'고 느껴지는 의욕이 상실된 심리적 상태다. 이런 상태에서 교인은 원인 모를 공허감이 그들의 실존적 공백을 채우게 되므로 신앙적으로 생활을 창조하기란 어렵다. 이는 신앙의 본질과 관련하여 삶의 의미를 강화해야 할 이유다.

자살의 충동을 느껴본 적이 있는가? 우리는 그런 때일수록 자신을 돌아보면서 회개할 것이 없는가 살펴보자. 나의 인생에서 일어나는 모든 일들은 하나님의 주권 아래 있고 하나님의 경륜에 의해 진행되어져 가는 것이다. 때로는 감당하기 어려운 힘든 고통도 있으나 이 고통조차도 하나님께서 나를 신앙의 성숙으로 이끄시는 기회로 삼으심을 기억하자.

현대의 생명경시 풍조는 과학의 발달과 함께 '인간 복제' 까지 도달하게 되었다. 인간 복제라 함은 인간(태아)에게 손을 대어 실험에서 복제까지, 수많은 쌍둥이 복제 인간을 만들려는 시도이다. 이는 도덕, 윤리적인 물의를 일으키고 있으며, 생명을 함부로 다룸으로써 인간이 침범해서는 안 될 신의 영역까지도 침범하는 일이다. 하나님 같이 되어 보려는 과학기술의 힘, 그리고 인간의 욕망과 오만함이 생명복제로 인하여 인류에게 큰 혼란과 저주를 가져올 수도 있다.

생명복제가 과연 하나님이 원하심인가?

이 문제는 성서를 근거로 할 때 직접적인 해답은 불투명하며 모호성이 있다. 에덴의 이미지에서 다스림과 청지기의 윤리(창 1:26, 28, 2:15)를 전개할 수 있는데 이는 생명복제의 가능성을 시사한다. 이와는 반대로 생명복제의 불가능으로는 바벨의 이미지가 있다(창 11).

prayer & homework

***기도**

***과제**

주위를 살펴보고 삶의 막다른 골목에 처한 사람들 돕기(서신,전화 등).

▶▶ 성경이 보여주는 살인의 문제

1 영적인 특징

마음에서 나옴 (마15:9)

형제에게 노하는 행위 자체 (마5:21,22)

영생이 그 속에 거하지 아니함 (요일3:15)

2 살인죄

증인의 증거에 따라 확정됨 (민35:30)

속함받지 못함 (민35:31)

여호와의 단으로 도망해도 용서못받음 (출21:14)

3 살인에 대한 규례

금지됨 (출20:13),(마19:18),(롬13:9),(벧전4:15),(요일3:15)

유죄와 무죄 구분 (출21:12-14),(민35:16-23)

유죄결핍 (민35:24,30)

도피성으로 피하게 함 (민35:11,15,25-29)

4 형벌

(창9:6),(출21:12),(레24:17)

(민35:16,31),(신19:12),(잠28:17)

5 실례

가인이 아벨을 죽임 (창4:8)

아비멜렉이 자기형제 칠십인을 죽임 (삿9:5)

사울의 명으로 도엑이 제사장들을 죽임 (삼상22:18)

압살롬이 암몬을 죽일 것을 명령함 (삼하13:28)

이세벨에 의해 죽임을 당한 나봇 (왕상21:13)

스가랴를 여호와의 전 뜰 안에서 돌로 쳐죽임 (대하24:21)

두 살 이하의 사내아이를 죽인 헤롯 (마2:16)

*9 선행과 이웃

여는 시간

년   월   일   시   장소

차와 나눔

" 주 ⬛⬛ 喜怒哀樂 "

찬양

점검 " 지난주 제자의 삶"
성경읽기 (전혀못함0, 1, 2, 3, 4, 5, 6, 7, 8, 9, 10완벽함)
성구암송 (전혀못함0, 1, 2, 3, 4, 5, 6, 7, 8, 9, 10완벽함)
교재예습 (전혀못함0, 1, 2, 3, 4, 5, 6, 7, 8, 9, 10완벽함)
특별과제 (전혀못함0, 1, 2, 3, 4, 5, 6, 7, 8, 9, 10완벽함)
매일큐티 (전혀못함0, 1, 2, 3, 4, 5, 6, 7, 8, 9, 10완벽함)
가정예배 (전혀못함 0, 1, 2, 3, 4, 5, 6, 7, 8, 9, 10 완벽함)
점검 파트너 이름 /   서명 /

태신자를 위한 한 주간의 점검

태신자를 위한 점검
전화 ㅇ x 기도 ㅇ x 편지 ㅇ x 방문

전도를 위한 선행

큐티 나눔

나를 감동시킨______의 선행 이야기 하나

누가복음 10: 30-37

사마리아인은 B.C. 722년 앗수르의 침입을 받은 이스라엘 북 왕국이 멸망하여, 거기에 이주해 온 이방인과 유대인 사이에 태어난 혼혈인들이었다. 이들은 남쪽 유대인들로브터 이방인에 의해 더럽혀졌다는 이유로 멸시를 당했다. 예루살렘은 해발 762m요, 여리고는 매우 저지대였으며 거리는 약 35Km가 된다. 여기서 '내려가다' 란 이 표현은 매우 적절한 것이다.

1 그 길에서 강도를 만난 사람의 모습은 어떠했는가? (30)

거의 죽음

2 그 곳으로 지나간 사람들은 누구누구인가? 그들의 직업은 무엇인가? (31,32,33)

제사장, 레위인, 사마리아인

왜 앞의 두 사람은 그냥 지나쳤을까?

자유로이 토론해보자. 바빠서, 자기 일이 중요해서, 두려워서 등등

그들 두 사람의 하나님에 대한 신앙은 어떠할까?

하나님을 섬기는 신앙만 우선시. 그 신앙이 이웃에게 확대되어야 함을 간과

(우리 주위에 오직 '하나님과만 관련'하는 개인 신앙을 주장하는 이가 있는가)

3 사마리아인의 행위가 왜 칭찬받을만한 것인가? (33-35)

구체적 행위, 자기 비용을 소비, 시간을 투자, 그의 이후 문제까지 감당.

(우리의 이웃에 대한 선행이 어떠해야 할지를 나누어보자.)

4 18세기 독일의 목회자 '진 프래드릭 오버린'(J.F.Oberlin)은 심한 눈보라 속에서 걸어서 여행을 하고 있었다. 그는 결국 길을 잃었고 얼어죽을 것 같은 두려움에 휩싸였다. 그는 돌아가는 길도 알지 못하고 절망 속에서 주저 앉았다. 그때 한 사람이 왜곤에서 나와 오버린을 구조했다. 그는 다음 마을로 그를 데려갔고 보살핌을 받을 수 있도록 해 주었다. 그 사람이 다시 여행 준비를 하고 있을 때 오버린이 말했다. "내가 하나님 앞에서 감사하는 기억을 가질 수 있도록 당신의 이름을 가르쳐 주십시오." 그 사람은 오버린을 알아보고는 대답했다. "당신은 목사님입니다. 제발 내게 그 사마리아인의 이름을 가르쳐 주십시오." 오버린은 대답했다. "성경에서 그 이름을 침묵하기에 알려드릴 수 없습니다." 그 은인은 응답했다. "당신이 그 이름을 말할 때까지 나의 이름을 말하는 것도 보류하게 해 주십시오."

위 예화를 볼 때, 진정한 선행의 감동은 어디에 있는가?

편안히 나눔….

1 마5:14에 의하면, 그리스도인은 세상 속에서 어떤 존재인가?

세상의 빛

16절에 의하면 이 빛은 무엇인가? 그리고 이 빛으로 인한 결과는 무엇인가?

선한 행실, 하나님께 영광이 됨

(우리는 모두 그리스도인이라는 등 번호를 붙이고 뛰고 있다! 예수의 제자들이 보여 주어야 하는 것은 그들의 '착한 행실'이다. 즉 그들은 하나님의 마음과 뜻을 나타내는 모든 의(義)를 행하여야 한다. 그리고 사람들이 이 빛을 보도록 해야한다. 이같이 빛을 비추고 아버지를 영화롭게 하는 것이 제자들이 살아가는 유일한 이유(理由)이다.)

2 롬 2:24과 오늘의 사회를 연결해보라. 당신 주위에 반 기독교적인 생각을 가진 사람의 예를 들어보라. 그의 이유는 무엇인가?

세상 속에서 멸시 받는 교회, 크리스챤들….

(우리의 무분별한 행위, 삶으로 인함 아닌가?)

당시 이방인들은 유대인들을 마치 하나님과 동일한 인격을 소유한 거룩한 백성인 양 취급했다. 그것은 실제로 그들의 삶이 고상했기 때문이라기보다는 그들의 지나친 자랑에 이방인들이 속았기 때문이다. 따라서 이방인들이 바울이 고발한 것과 같은 유대인의 범죄함을 발견한다면 유대인들은 스스로 하나님을 모독하는 도구가 되고 말 것이다. 하나님을 사랑한다고 말하는 자들이 오히려 하나님의 신성을 모독하는 자들임을 바울은 분명하게 밝히고 있다.

이 세상에는 사랑을 갈망하는, 사랑에 허기진 자들만 가득하기에 언제나 원망과 불평이 가득하다. 우리 그리스도인은 사랑을 베풀어야 할 자들이다. 왜냐면 넘치는 사랑을 공급받았기 때문이다. 이것이 우리에게 있어서 넘치는 힘과 원동력이 되기 때문이다. 우리는 그리스도로 인하여 사랑할 수밖에 없는 사람이다.

3 그리스도의 사랑을 깨달은 자에게는 어떤 삶의 원칙이 주어지는가?

우리도 그 받은 사랑을 나누어야 함

형제와 모든 사람에 대한 우리의 태도는 어떤 것인가?

(눅 6:36) 자비로움

(벧전 1:22) 뜨겁게 사랑함(특히 믿음안의 형제들에게)

(그리스도인이 되기 이전에 서로 반목(反目) 상태였을지라도 회개하여 온전히 깨끗하여진 그리스도인은 과거와는 달리 하나님의 속성을 닮아 새로운 품성으로 서로 사랑해야 할 뿐만 아니라 이미 그리스도인이면 행했어야 할 덕목임을 시사한다. 그리스도인들은 피차가 열정적으로 사랑하여 구체적인 행위를 통해 서로의 요구를 만족시켜 주어야 한다(요일 3:14-18).)

그래도 하세요

사람들은 반 이성적이며 부조리하고 자기 중심적입니다;
그래도 그들을 용서하세요.

당신이 친절하게 대하면 사람들은 당신의 동기가 이기적이고 불순하다고 비난할 지도 모릅니다;
그래도 친절하게 하세요.

당신이 성공하면 당신은 거짓 친구들도 얻고 참 원수도 생깁니다;
그래도 성공하세요.

당신이 정직하고 솔직하면, 사람들은 당신을 속일 것입니다;
그래도 정직하고 솔직하세요.

당신이 여러 해 걸려서 세워놓은 것을 어떤 사람들이 순식간에 무너뜨릴 수도 있습니다;
그래도 세우세요.

당신이 평안과 행복을 누리면, 저들이 시기합니다;
그래도 행복하세요.

당신이 오늘 행한 선을, 사람들은 내일 잊어버리기가 쉽습니다;
그래도 선을 행하세요.

4 하나님의 편애—약자들에 대한 하나님의 관심이 구약에 특히 나타난다.

구약에 보면 율법 곳곳에 당시 약자들에 대한 배려의 조항들이 배어있다.

(출22:22-25) 과부 고아에 자비로울 것, 이자를 가난한 형제에게서 받지 말것

(레19:9-10) 가난한 자들을 위해 수확 때에 남겨두라

(레19:33)   이방인에 관대함

(레25:35)   가난하게 된 형제를 배려함

(신24:14-15) 품군의 품삯을 미루지 말것

우리 주변의 약자들은 어떤 사람들이 있는가?
위 항목에 근거해 우리 주변의 약자들에 대해 말해보라

오늘 당신이 구체적으로 이웃을 도울 수 있는 길은 무엇인가?
위에 근거하여 구체적으로 이웃을 섬길수 잇는 방법들 모색

(교회적으로 가능한 일?)

교회적으로 할 수 있는 사회봉사의 방안들을 모색해보자.
(교회당 공간 활용, 성도들의 자원봉사 등)

5 빈 ( ) 채우기

"우리가 선을 행하되 (낙심)하지 말지니 포기하지 아니하면 때가 이르매 거두리라 그러므로 우리는 기회 있는 대로 모든 이에게 착한 일을 하되 더욱 (믿음)의 가정들에게 할지니라(갈 6:9-10)."

관계의 꽃을 피우려면

받는 삶이 아니라

베푸는 삶으로 관계에 투자해야 한다.

어디를 가나 격려하고 세워주고

자신감을 심어주면서

'관계은행'에 예금해야 한다.

조엘 오스튼의 〈잘되는나〉중에서

사람들에게 선을 베풀면 놀라운 일이 벌어진다. 선행이 가장 강력한 전도법이다. 하나님의 마음에 가장 가까운 것은 상처 입은 사람들을 돕는 마음이다. **조엘 오스틴**

***기도**

***과제**

금주 중 장애인 단체나 사회 봉사단체 방문하여 봉사

≫ 장애인을 대할 때 알아야할 10가지

1 장애를 가진 사람도 똑같은 인간이라는 것을 기억하라.

2 장애를 가졌다는 특수한 제한점을 제외하고는 다른 사람들과 똑같다.

3 장애인을 모두 동일시하지 말고 각자가 다른 인격을 가진 인격체라는 것을 인식하라.

4 장애인과 함께 생활하는 것은 풍부한 인간성의 표현임을 알라.

5 장애가 있거나 없거나 서로 도와 생활하는 것은 당연한 일이다.

6 장애인을 만날 때는 자연스럽게 대하고 오직 그의 요구가 있을 때만 도와 주라.

7 지체장애인들도 넘어졌을 때 스스로 일어나고 싶어한다.

8 독자적으로 행동하는 것은 친절이 아니고 쓸데없는 참견이다.

9 과잉보호나 과잉염려 그리고 과잉친절은 금물이다.

10 당신은 그의 능력과 관심에 대해 얼마나 잘못 판단하고 있는지 놀라게 될 것이다.

큐티나눔

당신이 받았던 그 용서의 이야기

마태복음 18:21-35

당시 유대의 랍비들은 타인의 죄를 3번까지 용서해주고 그 이상은 말라고 가르쳤다.

1 베드로는 몇 번까지 용서해 줄 것에 대해서 예수님께 질문하였는가? (21)

7번

당신은 주위 사람들을 몇 번까지 용서해줄 수 있다고 생각하는가?

각자의 생각을 들어보라

(베드로의 이 적극적인 제안은 당시의 문화적 배경 하에서 이해되어야 한다. 즉 당시 유대인들은 자신들의 종교적 책무를 수치(數値)화하는 습성이 있었다. 베드로는 유대인들의 율법적 용서 개념을 능가하는 자신의 관대함을 자랑이라도 하듯이 완전수 내지는 거룩한 수에 해당하는 '7'번의 용서를 제안했던 것이다.)

2 예수님의 답변은 무엇이었는가? 예수님은 왜 그 숫자를 지목하신 것일까? (22)

7번을 70번이라도 하라

(예수께서는 유대인들의 전통적 행습이나 랍비들의 가르침, 심지어 베드로의 제안까지도 거부하시고 당신의 초월적인 권위로 용서에 대한 그리스도인의 자세에 대한 새 지평을 여셨다. 본문의 숫자는 강한 상징성을 내포한 말로서 숫자상의 어떤 기준이나 실제적인 용서의 범위를 초월한(Wycliffe) 끝없는 용서, 무제한적인 사랑을 가르친 말이다.)

3 예수님의 비유 속에서 임금은 어떤 자에 대하여 어떤 자비를 베풀었는가? (24-27)

1만 달란트 채무자를 완전 면제함

('탕감하다'의 뜻인 '아피에미'는 주인의 자비나 지불 기한의 연장에 대한 채무자의 간청의 정도를 훨씬 넘는 것임을 나타내 주는 말이다. 실로 '불쌍히 여겨 놓아 보내며 탕감해 주는' 임금의 행위는 석방과 사죄의 두 법적 행위를 동시에 의미하고 있다.)

이는 하나님의 당신에 대한 용서를 말하는 것이다. 사 44:22에서는 우리의 죄의 형상을 무엇으로 비교하고 있는가?

빽빽한 구름 같음, 안개같이 제하심

4 그런데 탕감을 받은 자는 자신에게 빚진 자를 어떻게 하였는가? (28-30)

1백데나리온 빚진 자를 용서치 않고 옥에 가둠

1백 데나리온은 1만 달란트에 비해 60만분의 1에 해당하는 금액이었다! 당신이 남을 용서하기를 원한다면 1백 데나리온을 생각하면 안된다. 일만 달란트를 생각하라. 용서해야 할 죄를 생각하지 말고 용서받은 죄를 생각하라. 도저히 용서해줄 수 없는 일을 예수님의 사랑 때문에 용서해 준 일이 있는가?

용서의 경험을 나누라.

용서하지 않는 자가 치를 대가는 무엇인가? 34절의 '옥졸에게 붙힘(고문에 처해짐)' 과 35절의 자신도 용서받지 못함이다. 마6:14-15을 요약해보라.

너희가 남의 잘못을 용서하면 하늘에 계신 아버지께서도 너희를 용서하실 것이다. 그러나 너희가 남의 잘못을 용서하지 않으면 아버지께서도 너희의 잘못을 용서하지 않으실 것이다.

'옥졸'의 뜻은 '고통을 주는 자들'이다. 따라서 그들은 단순히 옥을 지키는 간수인 '데스모퓔라크스'가 아니다. 그 옥졸들은 죄인을 그들 손으로 고문하고 매를 때리는 역할 뿐 아니라 지옥 형벌의 자리로 그를 인도하는 사역을 맡은 자로도 이해할 수 있다. 이는 마치 종말에 주님의 재림과 함께 천사들이 이 세상에 와서 가라지들을 먼저 거두어 불사르게 묶는다는 비유와 같은 맥락으로 볼 수 있다(마 13:20).

1 엡4:30~32절을 볼 때, 우리가 버릴 것은 무엇이고 취할 것은 무엇인가?

버릴 것 → 악독, 노함, 분냄, 떠듦, 비방, 악의

취할 것 → 친절, 불쌍히 여김, 용서

많은 사람이 분노에 사로잡힌 채 살아가고 있다. 심리학자들은 분노는 분출시켜야 한다고 생각한다. 격한 감정을 억누르거나 속에 담아두는 것은 정신적, 육체적으로 해롭다는 것이다. 사실 이로 인해 우울증, 근심 또는 여러 신체적 증상들이 나타난다. 이런 심리학적 견해와 '성내기를 더디하라'는 성경 말씀을 어떻게 조화할 수 있을까?

열린 토론이다. 답 가이드는 사실 2번에 있다. 분노, 증오 등으로부터 자기 자신의 마음을 보존해야 한다. 감정의 격분이 마음속에 자리잡고 있을 때 하나님의 의(義)나 말씀을 받아들일 수 없다.

분노를 어떻게 다룰 것인가?

심리학자들은 분노는 분출시키거나 언어로 표출시켜야 한다고 생각한다. 그들은 격한 감정을 억누르거나 속에 담아두는 것이 정신적, 육체적으로 해롭다고 주장한다. 이런 것을 억지로 가두어두면 이로인해 우울증, 근심, 긴장감, 또는 여러 신체적 증상들이 나타난다. 이처럼 '분노는 발산해야 한다'라는 심리학적 발견과 '성내기를 더디하라'는 성경 말씀을 어떻게 조화살 수 있을까? '해가 지기 전에 분노를 해결하라'(엡4:26)고 말한 이유는 무엇일까? 다음과 같은 방법들이 이 고민에 도움이 될것이다.

2 용서하는 자를 위한 도움의 방법들– 읽고 생각을 나누어보라

- 분노한 감정을 놓고 구체적으로 기도하라
- 도움과 충고를 줄 수 있는 성숙한 사람에게 자신의 감정을 솔직하게 털어 놓으라
- 상대방에게 사랑과 용서의 마음을 보여줘라
- 하나님은 우리가 인내를 배우면서 성장하도록 괴롭고 절망적인 일들을 허락하신다는 사실을 이해하라

3 창45:5-7에서 배우는 바, 요셉이 형들을 용서할 수 있었던 사상은 어떤 것이었는가?

하나님의 선하신 섭리가 당신들을 통해 나를 이리로 보내게 하셨다.

모든 상황의 배후에 하나님의 섭리가 존재함을 인정.

이 내용을 당신의 상황으로 적용해보라.

요즘 겪는 그 일들에 하나님의 뜻이 있을 것이다.

4 하나님의 용서의 특징은? (렘31:34)

악행을 용서, 죄를 기억지 않으심

여기서 당신이 배워야 하는 것은 무엇인가?

우리의 미완성적인 용서를 돌아보자.

5 롬 12:20은 구체적으로 당신에게 무엇을 요구하는 것일까?

원수에 대한 선행

(원수가 궁핍하며 곤경에 처했을 때 선행과 친절을 베풀라는 것이다. 실제로 원수를 먹이고 마시게 하는 것은 성명과 관계되는 행위이며 궁극적인 마시움과 먹임은 생수의 근원, 생명의 떡이신 예수를 받아들이게 하는 것이다(요 6:35). 숯불을 쌓는 것은 은혜를 베푸는 것으로 해석한다. 이것만이 하나님께서 신자에게 허락하신 유일한 복수 방법이다. 은혜를 베풀므로써 원수가 자신의 행동에 대한 후회와 부끄러움을 갖게 되고 이를 통해 자신의 죄악에서 돌이키게 되어 서로에게 평화와 화해가 이루어지는 것이다.)

용서란, 자신을 짓밟은 발에 향기를 남겨주는 꽃과 같은 것이다.

6 빈( ) 채우기

"그러므로 예물을 제단에 드리려다가 거기서 네 형제에게 원망들을 만한 일이 있는 것이 생각나거든 예물을 제단 앞에 두고 먼저 가서 형제와 화목하고 (그 후에 와서 예물을 드리라)" (마 5:23-24)

당신에게 상처를 준 사람을 당신의 마음에서 놓아주라. 그 상처를 더 이상 붙들지 말라. 상처를 준 사람을 어떻게 놓아줄 수 있는가? 용서하는 것, 그것만이 그들을 놓아주는 유일한 방법이다. 그들이 용서를 구할 때까지 기다리지 말라. 왜냐하면 그것은 그들보다 당신 자신을 위한 것이기 때문이다.

릭 워렌의 《회복으로 가는 길》 중에서

prayer & homework

***기도**

***과제**
아직까지 용서해 줄 수 없는 사람이 있다면 누구인가? 아직까지도 용서해 줄 수 없는 사건이 있다면 어떤 일인가? 금주 중에 용서의 실천을.

⟫ 감정관리 열 가지 원리

1 '참자!' 그렇게 생각하라

감정 관리는 최초의 단계에서 성패가 좌우된다. '욱' 하고 치밀어 오르는 화는 일단 참아야 한다.

2 '원래 그런 거' 라고 생각하라

예를 들어 고객이, 혹은 아이들이 속을 상하게 할 때는 '원래 그런 거' 라고 생각하라.

3 '웃긴다' 고 생각하라

세상은 생각할수록 희극적 요소가 많다. 괴로울 때는 심각하게 생각할수록 고뇌의 수렁에 더욱 깊이 빠져 들어간다. 웃긴다고 생각하며 문제를 단순화시켜 보라.

4 '좋다. 까짓 거' 라고 생각하라

어려움에 봉착했을 때는 ' 좋다. 까짓거' 라고 통 크게 생각하라. 크게 마음 먹으려들면 바다보다 더 커질 수 있는 게 사람의 마음이다.

5 '그럴 만한 사정이 있겠지' 라고 생각하라

억지로라도 상대방의 입장이 되어 보라. '내가 저 사람이라도 저럴 수밖에 없을 거야', '뭔가 그럴 만한 사정이 있어서 저럴 거야' 라고 생각하라.

6 '내가 왜 너 때문에' 라고 생각하라

당신의 신경을 건드린 사람은 마음의 상처를 입지 않고 있는데, 그 사람 때문에 당신이 속을 바글바글 끓인다면 억울하지 않은가? '내가 왜 당신 때문에 속을 썩어야 하지?' 그렇게 생각하라.

7 '시간이 약' 임을 확신하라

지금의 속상한 일도 며칠, 아니 몇 시간만 지나면 별 것 아니라는 사실을 깨달아라. 너무 속이 상할 때는 '세월이 약' 이라는 생각으로 배짱 두둑이 생각하라.

8 '새옹지마' 라고 생각하라

세상만사는 마음먹기에 달렸다. 속상한 자극에 연연하지 말고 '세상만사 새옹지마'라고 생각하며 심적 자극에서 탈출하려는 의도적인 노력을 하라.

9 즐거웠던 순간을 회상하라

괴로운 일에 매달리다 보면 한없이 속을 끓이게 된다. 즐거웠던 지난 일을 회상해 보라. 기분이 전환될 수 있다.

10 눈을 감고 심호흡을 하라

괴로울 때는 조용히 눈을 감고 위에서 언급한 아홉 가지 방법을 활용하면서 심호흡을 해 보라. 그리고 치밀어 오르는 분노는 침을 삼키듯 '꿀꺽' 삼켜 보라.

*11 순결

여는 시간

년   월   일   시   장소

차와 나눔

" 주님 안의 喜怒哀樂 "

찬양

점검 " 지난주 제자의 삶"
성경읽기 (전혀못함0, 1, 2, 3, 4, 5, 6, 7, 8, 9, 10완벽함)
성구암송 (전혀못함0, 1, 2, 3, 4, 5, 6, 7, 8, 9, 10완벽함)
교재예습 (전혀못함0, 1, 2, 3, 4, 5, 6, 7, 8, 9, 10완벽함)
특별과제 (전혀못함0, 1, 2, 3, 4, 5, 6, 7, 8, 9, 10완벽함)
매일큐티 (전혀못함0, 1, 2, 3, 4, 5, 6, 7, 8, 9, 10완벽함)
가정예배 (전혀못함 0, 1, 2, 3, 4, 5, 6, 7, 8, 9, 10 완벽함)
점검 파트너 이름 /   서명 /

태신자를 위한 한 주간의 점검

태신자를 위한 점검

전화 ○ X 기도 ○ X 편지 ○ X 방문 ○ X

전도를 위한 선행

큐티나눔

당신이 보기에 우리사회의 가장 심각한 도덕적 문제는 무엇인가?

창세기 39:7-18

애굽에 팔려온 요셉은 시위대장 보디발 집의 가정총무가 되었다. 그는 '용모가 준수하고 아담한' 미소년이었다.

1 주인의 처의 요구는 무엇이었나? (7)

성관계를 요구함

(요셉이 보디발에게 팔린 지 약 10년후, 즉 그의 나이 27세 되던 때이다(41:1, 46). '동침하기를'은 집요한 강요를 의미한다. 이는 이 요청이 한 두번에 그친 것이 아니라 계속적으로 행하여졌음을 암시한다.)

8,9절의 요셉의 반응에서 발견되는 두 가지는?

주인에 대해 주인의 신뢰를 지키려함

하나님에 대해 하나님 앞에서의 삶을 인식

(요셉은 세 가지 면에서 보디발 아내의 죄를 지적하며 그녀의 양심을 일깨우려 노력했다. ①상전과 종의 관점에서 주인의 신뢰를 저버리는 것이 얼마나 큰 악행인가를 인식시켜 주었고, ②윤리적 관점에서 그녀의 남편의 존재를 인식시켜 주었고 ③신앙의 관점에서 하나님 앞에서의 순결을 역설했다. 여기서 대인(對人)관계와 대신(對神)관계가 뚜렷이 정립된 요셉의 아름다운 신앙 인격을 엿볼 수 있다.)

2 11, 12절을 보라. 당시 그 집의 상황은?

아무도 없는 빈집임.

그 여인의 행위는?

그 아내가 옷을 잡고 간청함.

(어느 정도 신분이 보장된 요셉은 보디발의 집과 떨어진 곳에 따로 거처를 가지고 있었던 것 같다. 따라서 요셉은 공식적인 직무를 위해서만 그 집에 출입하였을 것이다.)

여기서 주목할 요셉의 처신은 무엇인가? (12, 13)

그 자리를 피함

(안주인에게도 복종할 의무가 있는 요셉의 처지에서 유혹에 대항할 수 있는 유일한 방도는 그녀로부터의 도망이 최선의 방법이었다. 이처럼 성도에게는 유혹 앞에서 도망할 때와 싸워야할 때를 분별하는 지혜가 절실히 요청된다(전 3:7, 8;엡 6:13;약 4:7).)

성적인 유혹에 빠지지 않으면서 성을 하나님이 의도하신 축복의 도구가 되게 하기 위해서는 어떤 자세가 필요한가? 무엇보다도 경건 생활에 게으르지 말아야 한다. 청년이 그 행실을 깨끗게 하기 위해서는 말씀을 따라 삼가야 한다(시 119 : 9). 또한 청년에게 임하는 유혹을 피하기 위해서는 경건한 사람들과의 교제가 필요하다(딤후 2 : 2). 여러 형태의 유혹에 대해서 악은 모양이라도 버리는 결단이 있어야 한다(살전 5 : 22). 이미 결혼한 사람은 부부 간의 사랑을 재확인할 필요가 있다(잠 5 : 15－20). 미혼인 경우 독신의 은사를 받지 않았다면 미혼 상태가 길지 않도록 하는 것이 필요하다(고전 7 : 7-9).

이와 관련해서 사소하지만 실제로는 아주 중요한 권면이 있다. 산상 수훈에서 지적했듯이 남자가 여자를 보고 음욕을 품으면 이미 간음한 것이다(마 5 : 48). 그러므로 남자들은 안목의 정욕에 이끌려 넘어지지 않도록 해야 할 것이나, 여기서 여성들의 책임이 거론되어야 한다. 지나친 노출이나 육감적인 옷차림을 하는 것 자체가 범죄 행위일 수는 없으나 그것으로 뭇 남성들이 마음으로 간음을 하도록 자극한다면 그것은 적어도 크리스천 여성에게 "소자를 실족케 하는" 행위가 될 것이다. 그러므로 크리스천 여성들에게는 바른 몸가짐이 요구된다.

남자들의 경우 여성을 향해서 친밀을 가장해서 하는 무례한 말이나 행동도 성적인 범죄가 된다. 요즘 자주 거론되는 직장내의 성희롱은 이런 데서부터 시작된다. 사탄은 처음부터 엄청난 무기를 사용하지 않으며 사소한 상황을 통해서 접근한다는 사실을 결코 잊어서는 안 될 것이다.

여인은 그 옷을 증거물로 삼고 오히려 요셉에게 죄를 뒤집어씌우고 말았다. 여인은 지독한 탐욕과 거짓의 사람이었다. 이는 당시 애굽의 타락상이었다. 그러나 그 세계 속에서 요셉은 맑은 호수와 같이 깨끗한 영혼을 유지하고 있었다.

1 창1:26-27과 2:20-25을 읽고 ( )를 채우라.

'성경에서 성(性)은 (하나님)이 창조하신 선한 제도이다. 또 성생활과 경건한 삶 즉 성과 영성을 이분법적으로 나누어 말하고 있지 않다. 이것은 (하나님)이 주신 제도요 또한 (사람)의 삶의 방식의 하나이다.'

2 창 1:28에서 보여주는 성의 기능은 무엇인가?
종족 번식

창 2:24을 볼 때, 자녀출산과 관련 없는 성행위는 정당화할 수 없다는 입장에 대해 어떻게 말할 수 있는가?
둘이 한 몸을 이룸은 결혼의 원리

금욕주의에 대해 들어보았는가?
지나친 금욕 주의는 성경적이 아니다.
(어떤 사람은 우리가 세상에서 구원받았고 저 천국에서 영원히 살 것이므로 이세상의 온갖 즐거움을 다 포기하는 것이 바른 신앙이라고 생각합니다. 잘 웃지도 않고 심각하고, 돈을 조금 많이 쓰면 죄책감을 느낍니다. 그러나 이런 금욕주의(asceticism)는 불교에서 가르치는 염세주의와 통할지는 몰라도 성경의 가르침은 아닙니다. 하나님은 이 세상을 너무나 "좋게"(good)혹은 아름답게 창조 하셨기 때문입니다. 우주의 복잡한 신비며 별들의 아름다움, 풀벌레 소리, 코스모스, 들국화 등 아무 실용적인 가치도 없는 것들을 창조하시고 우리들이 그것을 즐기지 못하도록 하셨다면 하나님은 짖궂은, 우리를 시험에 빠뜨리시는 이상하신 분입니다. 오히려 하나님은 아름다움을 좋아하시는 분이라고 밖에 말할 수 없습니다. 하나님 그분은 미학(aesthetics)을 아시는 분이십니다. 인간은 행동에도 아름다움이 있습니다.)

3 마 1:18,19에서의 의로운 요셉의 처신은 혼전성(婚前性)에 대해 무엇을 말하는가?

정상적인 결혼 외의 성행위는 합당치 않음

4 레18:22(롬 1:26)은 어떤 종류의 성을 경고하는 것일까?

동성연애

(일찍이 소돔성에 나타난 상황을 보라. 창19:5)

그 외에 이 시대의 변질된 어떤 성이 또 있을까?

역사 속에 나타난 빗나간 성들… 강간, 근친상간, 수간(獸姦), 일부다처, 매춘, 스와핑

5 유혹에 빠지지 않으면서 성을 하나님이 의도하신 축복의 도구가 되게 하기 위해서는 어떤 자세가 필요한가?

(시 119:11)　주의 말씀을 마음에 늘 간직

(갈 5:16)　참 믿음을 지님

(진정한 신앙의 소유자는 사랑의 행위를 나타낸다. 그렇다면, 사랑을 행해야 구원을 받는다는 것인가? 그런 것은 아니다. 이것은 신자가 그 신앙의 증표로 사랑을 지니고 있어야 된다는 것이다. 행위는 믿음이 내어주는 열매이니, 선한 행위가 없으면 죽은 믿음이라고 할 수 밖에 없다(약 2:21-26). 물론 사랑의 행위가 구원의 공로는 아니지만 참 신앙은 그것을 지니고 있다. 신앙 그것도 구원의 공로를 받는데 있어서 믿음은 절대 필요한 것이다. 이것도 하나님의 선물이다(엡 2:8).)

(골 3:5)　옛 육신의 욕망을 죽임

(그리스도인은 신분상 그리스도의 구속을 통해서 죄에 대해서 죽었고, 의인이 되었지만(롬3:24) 현재의 삶은 죄와 투쟁하는 삶이다. 여기 '지체'는 옛 본성에 이용되어서 범죄하는 여러 종류의 죄의 차원의 범주를 훨씬 넘어선 것으로 도덕적인 인격을 시사한다.)

그 외에, 이미 결혼한 사람은 부부 간의 사랑을 재확인할 필요(잠 5:15-20)가 있으며, 미혼인 경우 독신의 은사를 받지 않았다면 미혼 상태가 길지 않도록 하는 것이 필요하다(고전 7:7-9).

6 마 5:48의 예수님의 경고를 현실적으로 적용한다면

(남자는)	온전을 추구하며 살아가야 함
(여자는)	본성적으로 성의 문제에 있어서 남자의 취약부분과 여자의 취약부분이 있을 것이다.

성은 하나님이 주신 선한 제도이다. 성을 하나님이 주신 질서와 법의 테두리 내에서 사용할 때에는 우리에게 축복이 되지만 그것이 그 테두리를 벗어나 행사될 때, 이것은 우리의 몸을 더럽히고 그리스도인을 가장 무력하게 만드는 악과 불행의 큰 요인이 되는 것이다. 발람의 궤계로 행음하여 무력해진 이스라엘과 밧세바의 성적 범죄 이후 무력해진 다윗의 생애를 살펴볼 때 우리가 성적으로 바르게 산다는 것은 우리의 영적인 싸움에서 가장 중요한 것임을 명심해야 하겠다.

오늘 그리스도인은 늘 성적으로 미혹되기 쉬운 성의 문화 속에서 살고 있다. 그러나 성에 관한 하나님의 뜻과 의도 그리고 사도의 가르침은 명확하게 성경에 나타나 있다. 사실 성적인 유혹과 죄악에 빠지는 경우들을 보면 성경이 말해 주고 있지 않기 때문이 아니라, 많은 경우에 있어서 사람이 이 말씀을 소홀히 하기 때문에 생기는 것들이 아닐까? 우리 그리스도인들은 이 성욕을 부추기고 우리의 눈과 귀를 하나님의 말씀에서 닫고 멀리하려고 하는 악한 세력으로부터 자신을 지켜 나가야만 한다.

성욕은 훈련과 노력에 의해 분명히 절제가 되어지고 조절이 되어질 수 있다. 아직 결혼하지 않은 청년 그리스도인들은 이 성욕을 부추기는 문화와 환경에서 자신을 잘 보호하고 가꾸어 나가야 할 책임이 있다. 보다 생산적이고 건전한 일에 자신의 관심을 쏟고 그곳으로 우리의 에너지와 시간을 쏟아야 할 노릇이다. 앞으로 부모를 떠나서 한 몸을 이룰 미래의 배우자를 생각해서라도 정절을 지켜 나가는 이 일은 너무나 중요한 것임을 명심해야 할 것이다. 또 기혼자들은 부부들은 소명으로서의 결혼을 받아들이고 서로와 하나님 앞에서 책임감 있게 서로 정절을 지켜 나가도록 노력해야 할 것이다.

특히 직장에서의 사려 깊지 못한 행동은 직장 내의 성희롱으로 간주된다.
오늘날 성적 유혹으로 다가오는 현상들에는 어떤 것들이 있을까? (예: 인터넷….)

사단은 처음부터 엄청난 무기를 사용하지 않으며 사소한 상황을 통해서 접근하며 그것이 급기야 성적 중독으로까지 나아가게 되기도 한다.

성적으로 문란한 사회는 크리스천들에게 유혹의 기회가 된다. 그러나 이런 사회는 크리스천들이 세상과 다름을 보여줄 수 있는 좋은 기회가 되기도 한다. 성적인 유혹이 난무하는 직장에서 크리스천들이 깨끗함을 보여줄 때 처음에는 무시하고 미워하겠지만 결국은 존경할 것이다(빌 2:15).

7 빈 ( )채우기

"사랑하는 자들아 거류민과 나그네 같은 너희를 권하노니 영혼을 거슬러 싸우는(육체의 정욕)을 제어하라 너희가 이방인 중에서 행실을 선하게 가져 너희를 악행한다고 비방하는 자들로 하여금 너희 선한 일을 보고 오시는 날에 하나님께 영광을 돌리게 하려 함이라"(벧전 2:11-12)

잠4:14-15에서 얻는 지혜

1 들어가지 말라(do not enter)　　2 진행하지 말라(do not proceed)
3 피하라(avoid)　　4 지나가지 말라(do not pass)
5 돌아가라(turn away)　　6 떠나라(pass on)

위 본인	이름	서명
동료 증인	이름	서명
지도자 확인	이름	서명

● 순결 서약서

나 (   )는 하나님의 거룩한 자녀요 하나님의 정해주신 배필로서 평생 육체적인 순결을 지킬 것을 서약합니다.

***기도**

다짐-"나는 하나님의 거룩한 자녀요 하나님의 정해주신 배필로서 평생 육체적인 순결을 지킬 것을 다짐합니다." 기도하기

***과제**

>> 사랑에 관한 열 가지 명상

1 사랑을 얻으려고 흥정하지 말라
2 나를 사랑하거든 그를 사랑하라
3 사랑은 함께 어려움을 이겨나갈 자세가 되어 있는 사람에게만
주어지는 특권임을 기억하라
4 결점을 극소화하고 장점을 극대화하라
5 자신이 뿌린 씨는 자신이 거두는 법, 상대에게 책임을 전가하지 말라
6 한눈 팔며 비교하지 말고 앞을 보라
7 가까울수록 예절을 지키라
8 저주나 원망을 금하라
9 언제나 첫 마음을 잊지말라
10 서로를 위해 하루 한번 이상 기도하라

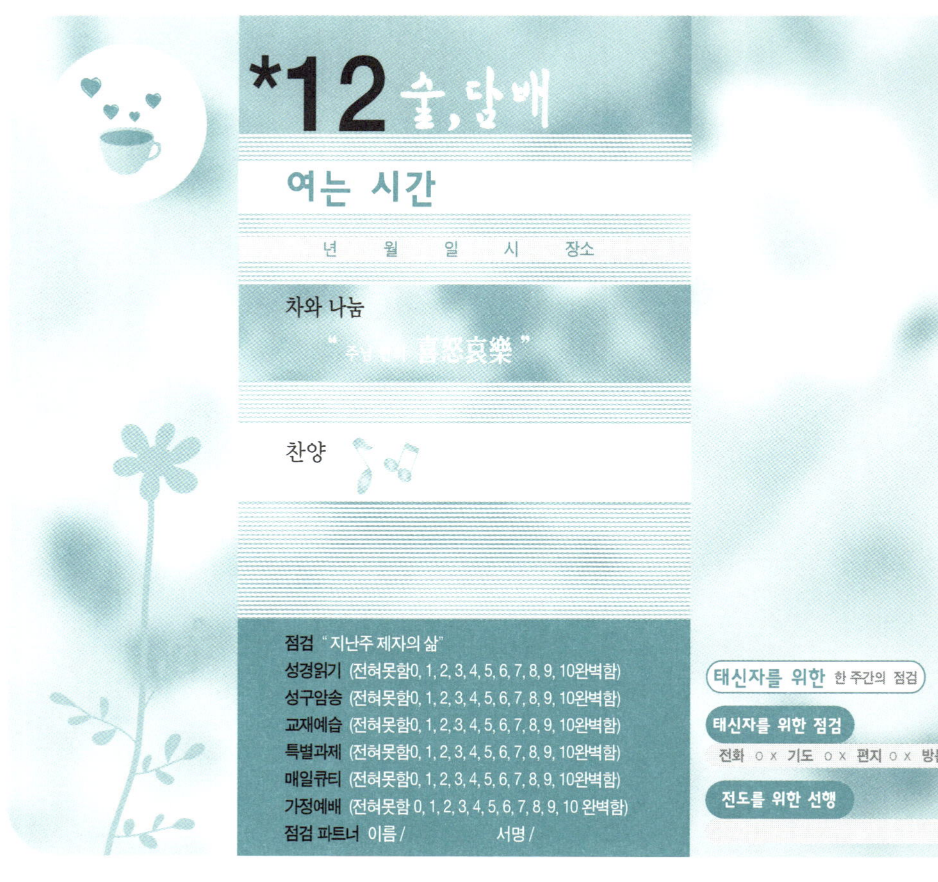

큐티 나눔

왜 사람들이 술을 마신다고 생각하는가?

창세기 9:20-25

우리는 인류 초기의 한 가정에서 벌어진 일을 보고 있다.

1 노아가 사는 시대는 어떤 시대였는가? (창6:2,5,11)

패역함 → 신자와 불신자가 무차별 혼인, 죄악이 차고 넘침.

과연 노아는 어떤 사람이었는가? (창6:8,9)

그 시대의 의인, 하나님과 동행

(여기의 '의인'이란 전혀 무죄하거나 흠없는 것이 아니라, 타락한 시대적 상황에서 그래도 경건하고 정직하게 살려고 노력하는 것을 의미한다(전 7:20). 그러므로 하나님께선 노아의 이 같은 노력을 높이 평가하사 '의'(義)로 인정해 주신 것이다. 그는 온 땅이 하나님 앞에 부패한 가운데서도(6:11) 그분을 경외하며 그의 뜻을 따라 그의 말씀과 더불어 동행하는 곧고 바른 삶을 살려고 노력했기 때문에 그토록 분에 넘치는 호칭을 얻을 수 있었다(6:9).)

2 노아의 실수는 무엇이었는가? (9:21)

포도주에 만취함 (홍수 이후)

(그가 포도주를 마신 것 자체는 아무런 잘못일 수 없다. 왜냐하면 순수한 자연수를 구하기 어려웠던 히브리인들은 일상 생활시에 포도주를 음료수로 사용하였으며 하나님께 전제(奠祭)를 드릴 때에도 제물로 삼았었기 때문이다(출 29:40; 레 23:13). 그러나 만취하자 스스로 옷을 벗어버려 알몸을 드러낸 것이다. 당대에 완전한 자로 하나님께 인정받았던 노아도 이처럼 잠깐의 방만(放漫)한 자세로 인해 시험에 빠진 것이다.)

그 결과 어떤 일들이 일어났는가? (22-25)

아들들의 반응

함? 아비의 수치를 드러냄

셈, 야벳? 아비의 수치를 가리움

결과? 잠에서 깬 노아를 통한 가나안에 대한 저주

(함의 입장에서 보면 자기 아들이 저주받은 것은 자신이 저주받은 것 이상의 형벌이었고, 또한 자신의 미래는 아들 가나안의 미래 속에 포함되어 있으므로 함은 가나안과 함께 복합적으로 저주를 받았다고 할 수 있다.)

술이 주는 유익과 피해가 있다면 구체적으로 어떤 것들일까?

유익? 피해? 말해보라.

3 성경의 술에 대한 증언에 대한 당신의 생각은?

(신29:6) 이스라엘의 광야의 훈련 중에는 술과 독주도 배제됨..술은 사람의 근신하는 마음을 방해한다.

(광야 40년 동안 하나님께서 이스라엘에게 떡과 포도주 대신 하늘로부터 내려오는 만나(출 16:35)를 주어 먹게 하심은 하나님의 '권능'을 깨닫게 하기 위함이었다.)

(잠20:1) 포도주는 사람을 거만케, 독주는 떠들게 함

(술은 사람을 방종케 한다.)

(엡5:18) 술취함은 성령 충만의 반대일수 있다.

(술 취함은 단순히 그 자체에만 문제가 있는것이 아니라 그것으로 인해 생활이 무절제하게 되고 방탕하기 쉽다는 것에 더 큰 문제가 있었다. 여기서 '방탕'으로 번역된 헬라어 '아소티아'는 술 취함의 현상을 잘 나타내 주는 단어로 고대 헬라 세계에서는 '방종' 혹은 '돈과 육욕의 무절제한 낭비'를 의미했다(Wood). 이것은 신약성경 탕자의 비유에서 '허랑 방탕한 생활'이라는 의미로도 사용되었다(눅 15:13). 이와 같이 그리스도인들이 이 세상에서 지혜로운 자로서 생활하려면 술 취함으로 인한 방탕한 생활 곧 어리석음의 일을 금해야 한다.)

4 술 마시는 사람에 대하여 어떻게 함이 합당한가? (잠23:19,20)

술을 탐하는 자와 깊은 교제를 조심할 것

(이것은 술이나 고기를 지나치게 마시고 먹는 행위를 묘사하는 표현이다. 그러나 이 행위들은 징계, 훈련이라는 문맥에서 볼 때 징계받지 않는 결과의 양상이다. 본절은 결국 징계를 통하여 삶의 구체적인 영역에 있어서 절제가 연습되지 않는 자와의 사귐을 금하는 권고로 볼 수 있다.)

술자리에 대한 지혜로운 처신은 어떤 것이 있을까?

지혜로운 경험담을 전수하는 기회로!

1 흡연의 장점과 단점을 이야기 해보라.

흡연에 대한 변론과 문제점을 나누어보라.

2 콜럼버스가 1492년 아메리카 대륙을 발견하면서 당시 토인들이 피우던 담배가 문명 세계에 전달되었다. 우리나라에는 1608-16년 사이에 일본으로부터 들어왔다. 만약 성경이 기록될 당시에 담배가 있었으면 어떤 지침이 주어졌을까? (고전10:31)

과연 흡연이 성도의 마땅한 바 하나님의 영광을 위함일까? 아닐 것이다.

3 흡연은 건강 뿐 아니라 두뇌 활동을 퇴화시키고 정서 발달에도 엄청난 악영향을 끼치게 된다. 일본 예방 암학 연구소에 의하면, 하루에 2개비를 피우는 흡연자의 폐암 확률은 비흡연자의 2배, 하루 20개비 이상의 흡연자는 10배나 높은 것으로 나타났다.

만약 어떤 사람이 하나님의 성전을 더럽히면 그 사람은 어떻게 되는가? (고전3:17)

몸은 하나님의 성전 → 거룩히 간수하라

(하나님의 구속받은 백성은 개인적으로나 집합적으로 '하나님의 성전'이라고 불리어질 수 있다. 하나님은 나무와 돌로 지어진 상징적이고 외적인 성전 건물보다는 영적인 성전인 사람과 교회 공동체를 더욱 중요하게 여기신다. 바울이 하나님의 성전의 거룩성을 들어 고린도 교회에 곧바로 적용한

것은 지도자들이나 성도들의 분쟁을 그치게 하고 교회의 각 구성원의 책임이 얼마나 심각한지를 지적하려는 것이다. 방종과 타락의 현대의 상징인 흡연은 주의 전을 더럽히는 행위일수 있다.)

4 흡연의 폐해는 개인으로 멈추지 않는다. 담배가 주위 사람에게 주는 피해는 어떤 것들이 있는가?

서로의 경험들을 나누라

담배를 피우는 남편의 배우자가 폐암에 걸릴 확률은 일반 여성의 1.2~3.1배, 아버지가 흡연하는 가정의 자녀의 호흡기 질환 확률은 일반의 5.7배이다.

5 성경에 언급하고 있지 않는 행동을 할 때 우리가 적용해야 할 법칙은 무엇인가?

(롬14:19)　　화평과 서로 덕세움

(구체적인 문제 속에서 무엇보다도 우선적으로 덕을 세우라는 권고이다. 서로 덕을 세우라는 이 권고는 상호 대인 관계와 상호 의존성을 결정지어 주는 중대한 기준이 된다(15:2;고전 8:1;10:23). 그리고 서로간에 상이(相異)한 은사들의 상대적 가치를 분별하고 인정하는데 있어 중요한 기준이 된다(고전 14:3-5). 따라서 본 구절의 개념은 어떤 경건한 의식이나 느낌을 말하는 것이 아니라 교인들이 모든 문제 속에서 실제로 서로에게 유익을 주고 세움을 입어가도록 하라는 것이다. 즉 구체적으로 모든 문제 속에서 "모든 것이 가하나 모든 것이 유익한 것이 아니요 모든 것이 가하나 모든 것이 덕을 세우는 것은 아니니 누구든지 자기의 유익을 구하지 말고 남의 유익을 구하라"(고전 10:23, 24)는 원리에 준하여 교회 안에서 화평, 즉 덕을 도모하라는 촉구이다.)

특히 한국의 교회에서는 금주금연이 신자의 구별된 삶의 징표로 알려져 있다. 더구나 비신자들도 신자는 금주 금연이라고 알고 있다. 만약 동료와 어울리기 위하여서는 담배를 피워야만 하는 상황에 처하면 어떻게 행동하겠는가?

다양한 경우가 발생하겠지만 타협보다는, 정확한 자기 정체성을 보이는 쪽이 낫다.

6 알콜 중독 테스트

이 문항은 개인적으로나 집에 돌아가 가족과 함께 할수도 있다.

1 술 마시는 문제로 직장에 늦게 간 적이 있는가? (   )
2 술로 인해 가정생활에서 언짢은 일들을 겪었는가? (   )
3 다른 이들로부터 비난을 받을 때 술을 마시는가? (   )
4 술을 마심으로 인해서 당신의 명예에 손상이 온 적이 있는가? (   )
5 술을 마신 후에 후회하곤 하는가? (   )
6 지나치게 술을 마심으로 재정상에 어려움을 겪은 적이 있는가? (   )
7 수준이 낮은 사람과 떳떳치 못한 환경에서 술을 마시곤 하는가? (   )
8 가정의 행복을 생각지 않고 술을 마시곤 하는가? (   )
9 술을 마신 후로 당신의 기가 꺾이고 있는가? (   )
10 매일 일정한 시간에 술마시기를 열망하는가? (   )

(O) 가

1문항일때 술에 중독될 가능성이 있음
2문항일때 술중독 증세를 보이기 시작한 것
3문항 이상일때 절대적으로 Alcoholic(술중독자) Johns Hopkins University Hospital

이 죄악된 세상에서 의로운 삶을 살아가려 분투하는 연약한 신자들을 보실 때, 하나님은 그들을 얼마나 사랑스러워 하실까? 그들은 우리 하나님의 눈 앞에서 소돔과 고모라성의 롯과 같을 것이며, 홍수를 앞둔 시대의 노아와 같을 것이며, 멸망을 앞둔 왕국시대의 예레미야와 같을 것이다. 세상이 아무리 어둡고 하나님을 아는 지식이 그쳤어도 그들에게는 샘물처럼 그 지식을 흘려 보내실 것이며, 여호와는 당신의 친밀하심을 이처럼 당신을 경외하며 사는 이들에게 보여주실 것이다. 그들로 하나님의 면전에 사는 즐거움이 무엇인지를 보게 하실 것이며 그들을 인하여 기쁨을 차마 이기지 못하시는 하나님의 즐거움을 보이실 것이다. 그들은 하나님을 인하여 즐거워하고, 하나님은 당신을 바라보며 즐거워하시는 그들을 인하여 기쁨을 이기지 못하실 것이다.

***기도**

***과제**

주위에 음주, 흡연하는 이를 만나 진지한 권면을 나눈다.

사람들은 왜 술을 찾을까? 한 마디로 말하면 현실 도피인 것이다. 술에 취하면 모든 것을 잊을 수 있다. 그래서 자신의 모습을 감추기에 애를 쓴다. 이를 숨바꼭질의 순례라 부른다. 굳이 술만이 아니다. 어떤 이들은 술속으로 숨어버리고 어떤 이들은 취미생활로 숨어든다. 그래야만 편하다. 숨다가 거기에 중독된다. 일중독증도 마찬가지다. 현실을 잊기 위해 일에 매달린다. 그러다가 건강을 잃고 가족을 잃고 자신을 잃어간다. 일의 노예로 스스로의 삶을 제한한다. 이러한 중독 증상들은 특히 가정생활을 파괴시킨다. 한마디로 말해 영적 결핍증이 문제다. 그래서 성경은 우리에게 이렇게 권한다.

"성령 충만하라"

그렇다면 성령 충만이란 무엇을 말하는 것일까? 앤드루 머레이가 정확한 답을 주었다. "성령 충만에 대하여 잘못된 인식을 갖지 않도록 나는 그것이 고도의 흥분상태나 절대적인 완전함, 혹은 더 이상 성장할 필요성을 느끼지 않는 그 어떤 성숙한 상태를 의미하지 않는다는 사실을 분명히 밝혀두고 싶다. 성령의 충만을 받는다는 것은 단순히 나의 모든 본성을 성령의 능력에 굴복시키는 것을 뜻한다. 나의 전체를 성령께 복종시킬 때 하나님 자신이 나를 충만케 하실 수 있다."

결국 성령 충만 외에는 영적 결핍을 이겨낼 방법이 없다. 화려한 외식도, 명품 구매를 위한 쇼핑도, 세계 일주도 영적 결핍을 메워주지 못한다. 오히려 심리학자들은 비겁하기 위해 온갖 궁리를 하고 변명의 말을 찾기 위해 애쓰는 에너지의 10분의 1만 자신이 직면하는 일에 써보라고 권한다. 이제 나 자신의 충만함과 가족과의 행복한 관계를 위해 이렇게 기도해보자. "성령님이여 저를 도와주십시오. 내가 성령에 충만하다고 느끼지 않을 때는 되도록 말하지 않으려고 애쓰겠습니다. 언제 어느 때 실수할지 모르기 때문입니다."

송길원

*13 영적전쟁

여는 시간

년　월　일　시　장소

차와 나눔

" 주님의 喜怒哀樂 "

찬양

점검 " 지난주 제자의 삶"
성경읽기 (전혀못함 0, 1, 2, 3, 4, 5, 6, 7, 8, 9, 10 완벽함)
성구암송 (전혀못함 0, 1, 2, 3, 4, 5, 6, 7, 8, 9, 10 완벽함)
교재예습 (전혀못함 0, 1, 2, 3, 4, 5, 6, 7, 8, 9, 10 완벽함)
특별과제 (전혀못함 0, 1, 2, 3, 4, 5, 6, 7, 8, 9, 10 완벽함)
매일큐티 (전혀못함 0, 1, 2, 3, 4, 5, 6, 7, 8, 9, 10 완벽함)
가정예배 (전혀못함 0, 1, 2, 3, 4, 5, 6, 7, 8, 9, 10 완벽함)
점검 파트너 이름 /　　　　　　서명 /

태신자를 위한 한 주간의 점검

태신자를 위한 점검

전화 ○ x 기도 ○ x 편지 ○ x 방문

전도를 위한 선행

큐 티 나눔

해 아래에서 벌어지는 '전쟁'에는 어떤 것들이 있을까?

베드로전서 5:7-10

우리의 삶은 단순한 의식주 문제와의 싸움이나 생존경쟁의 싸움이 아니다. 성도의 삶은 영적인 삶이다. 그러므로 신앙생활이란 바로 영적인 전투를 의미한다. 예수를 믿으면 우리가 사망에서 생명으로, 사단의 종에서 그리스도의 종으로 신분이 바뀌고 사단의 도전에 직면하게 되기에 누구도 이 싸움에서 예외되지 않는다.

1 성도들은 영적 전쟁터에서 살고 있다. 이 전쟁의 승리는 적을 정확히 아느냐에 직결된다. 우리의 싸움의 대상은 누구인가? (8상)

대적 마귀

그의 공격 방법은? (8하)

두루 다니며 삼킬 자를 찾음

('여기서 '마귀'는 '비난하는 자' 곧 '사단'을 가리킨다(대상 21:1; 욥1:6- 12; 슥 3:1). 베드로는 '마귀'를 배고픈 사자로 비유하여 사단의 유혹이 강력함을 시사한다. 우리의 싸움의 대상은 주변 사람이 아니다. 더더욱 같은 성도는 아니다.)

원수는 뱀처럼 간교하게 감각을 통해 접근하며(창3:1-4), 광명의 천사로 나타나 신령한 진리를 그릇된 것으로 바꾸어 버린다(고후11:13-14). 혹은 적극적으로 유혹을 하며 질병이나 사고를 가져다주기도 한다.

2 사단은 고난과 핍박을 가할 때는 사자같고 유혹할 때는 여우같이 다가온다. 당신은 이 둘 중에 어느 면에 약한가?

(사자같이… 여우같이… 어떤 경우들일지 나누어보라.)

3 사단이 우리를 넘어뜨리는 계교는

내적으로 (7)
염려로 약하게 함

('염려'에 해당하는 헬라어는 악한 자들로부터 받는 핍박 뿐만 아니라 내면에 있는 여러 가지 걱정이나 고민 등을 의미한다(마6:25 - 34).)

외적으로는 (9,10)
고난으로 닥쳐옴

(이 세상에서 살아가는 그리스도인들은 누구나 동일한 몫의 고난을 당한다. 그리스도인들이 이세상에서 계속적으로 고난을 당하는 가운데 목적을 향하여 나아가는 것을 시사한다. 비록 그리스도인들은 이 세상을 살아갈 때 수 많은 고난 가운데 처하게 되지만 그 고난을 통해 보다 완전한 목적을 향해 나아간다.)

그는 안팎으로 공격하되 안으로 우리의 욕심을, 밖으로 세상 풍속을 동원하기도 한다(엡2:1-3).

4 영적 전쟁에서 승리하기 위하여 특히 염려의 문제를 어떻게 다루어야 하는가? (7)
주께 맡김

(그리스도인들은 이러한 염려를 다 그리스도께 맡겨야 한다. 그리스도인들은 관심을 가지고 우리를 돌보시는 전능하신 하나님의 손에 걱정과 외부로부터 오는 위험을 맡겨야 하며 그때만이 평강을 소유하게 된다. 요즘 어떤 염려로 힘드는가? 어떻게 대처하고 있는가?)

5 고난을 통하여 다가오는 전투에서 승리하려면,

소극적 방법으로는 (8)

근신하여 꺼어있음

('깨어라'는 잠에서 깨어있는 상태뿐만 아니라 영적인 경각심을 갖도록 할 때 또는 권고나 주목을 요청할 때 사용되었다(마 26:40, 41). 이렇게 그리스도인들이 근신하고 깨어 있어야 할 이유는 대적 마귀가 삼킬 자를 찾아 다니기 때문이다.)

적극적인 방법으로는 (9)

대적함

('굳게 하여'는 '흔들리지 않는 반석같은 단단함'을 의미하는 것으로 원래 마귀를 대적하는 표현으로 많이 사용되었다. 본문에서도 마귀를 대적하기 위해 믿음을 반석처럼 견고하게 세울 것을 권면하는데 이 말을 사용하고 있다. 이러한 '믿음'은 그리스도를 터로 하였을 때 굳건히 설 수 있으며 굳건한 믿음의 소유를 통해서 마귀를 강력히 대적 할 수 있다(약 4:7). 이는 죽음의 위협에서도 그리스도를 부인하지 않고 죽기를 각오하고 적극적으로 싸울 것을 의미하는 것이다(Kelly).)

여기서 근신이라는 말은 '세상 것들에 취하지 않음', '밤잠을 자지 않고 파수'를 서는 것을 뜻한다.

6 그러나 그 고난은 잠깐 당하는 것이다. 영원한 영광과는 족히 비교할 수 없다(롬 8:18). 고난을 하나님께서 허락한 이유는 무엇인가? (10)

온전하고 굳건하고 강하게 견고케 하심

('잠깐 고난'은 장차 온전한 구원의 완성을 의미하는 '영원한 영광'과 대조를 이룬다. 이 세상에서 잠시 동안 겪는 고난은 그것을 참고 견디어 소유하게 되는 영원한 영광과 족히 비교할 수 없는 것이다.)

베드로는 본절에서 4개의 동사를 나열하여 하나님의 영광을 확증하고 있다. 이러한 하나님의 도우심은 결코 우연히 이루어지는 것이 아니고 하나님의 확실한 개입에 의하여 이루어 지는 것이다.

온전케 하시며 I 이것은 '완전케하다'를 뜻하는 것으로 본문에서는 박해를 받은 그리스도인들을 온전한 모습으로 회복시켜 주시는 것을 시사한다(고전 1:10; 고후 13:11).

굳게 하시며 I 이는 '어떤 박해 속에서도 흔들리지 않도록 견고하게 하는것'(살후 2:17)을 나타낸다.

강하게 하시며 I 이는 자율적으로 봉사하도록 무장시킨다는 의미로서 '굳게 하다'의 동사와 뚜렷한 구별을 할 수 없는동사이다.

견고케 하시리라 I 이는 확고한 신앙의 터전 위에서 요동치 않도록 하는 것을 나타낸다.

우리의 대적 사단은 우리를 너무도 잘 안다.

1 다음 사람들의 실패는 어떤 허점들로 인함인가?

(삿 16:19) 삼손의 실패 → 이성에 취약

(딤전 1:19-20) 후메네오, 알렉산더 → 양심과 믿음을 버림

(믿음이 파선당한 대표적인 두 사람이 열거되고 있다. 그들은 에베소 교회에서 극단적인 이단자였다. '후메내오'는 딤후 2:17, 18에 의하면 이단 교사로 언급되어 있는데 그는 부활에 관해서 이미 지나갔다고 주장하며 사람들을 혼란에 빠뜨렸다. '알렉산더'의 정체에 대해서는 행 19:33과 딤후 4:14에 언급된 두사람 중 어떤 사람인지는 분명치 않다. 아무튼 그들은 율법 선생이 되기를 간절히 원했던 자칭 의로운 사람들이었으나 지나친 오류에 빠져 교회를 혼란 속에 빠뜨리고 있었다.)

(딤전 6:10) 돈을 사랑함

(돈 그 자체는 악하지 않으나 그것에 탐욕을 품게 될 때 악이 발생한다. 여기서 바울이 '일만 악의 뿌리'가 된다고 말한 것은 돈을 사랑함이 모든 악의 유일한 근원임을 말한다기보다 재물을 지나치게 탐하게 될 때 일어나는 극단적인 결과를 강조하고 있는 것이다. '이것을 사모하는 자들'은 미혹을 받아 믿음에서 떠나게 된다. 결국 돈에 지나친 탐욕을 품은 자들은 신앙보다 물질에 더 관심을 갖게 되어 신앙을 잃고 방황하게 될 뿐만 아니라 극심한 슬픔으로 고통을 받게 된다.)

그렇다면 당신의 취약부분은 어디일까?

이미 초대 교회에 그런 류의 사람들이 있었다. 당신의 삶에 있어 돈은 무엇인가? 나누어보라.

2 모든 성도는 영적 전쟁에서 반드시 무장을 해야 한다. 어떤 무장이 필수적인가?
(엡 6:13-17절을 참조하라)

1 방어를 위한 무장 다섯 가지 영적 무장이다

가 구원의 투구(머리) 구원의 확신과 감격과 그 가치를 아는 것

나 의의 흉배(가슴) 그리스도의 사랑과 능력과 감격을 깨닫는 것
다 진리의 띠(허리) 성도를 위한 진리의 약속
라 복음의 신발(발) 그리스도의 사랑을 전하는 것
마 믿음의 방패(손) 모든 것을 막는 수단

2 공격을 위한 무장 두 가지

가 말씀 세상을 이기는 검(칼)
나 기도 파수꾼의 역할을 하는 것(성령 안에서 무시로)

당신의 경우 보강해야할 무기는 어떤 것인가?
이들 중 배제할수 있는 것은 없다. 각자의 신앙 생활 속에서 취약한 '무기'는 무엇인가?

방어(防禦) 무기입니다.
첫째, 방패(Shield)입니다. 최고의 공격(불화살)도 능히 막을 수 있는 방어 능력이 있습니다. 방패는 믿음입니다. 하나님 신뢰(Trust in God)하는 그 힘이 우리의 방패 역할을 합니다. 방패인 믿음(Faith)은 크게 두 가지인데, 첫째는 예수님은 나의 구세주라는 사실을 믿고 그 분을 신뢰하는 믿음이며, 둘째는 성경(Bible)을 하나님의 말씀으로 믿고 순종하는 믿음입니다.
둘째, 투구(Helmet)입니다. 투구는 생명을 보장하는 무기입니다. 머리가 적의 공격을 받으면 생명에 지장이 있습니다. 따라서 투구를 쓰고 있는 자는 안전합니다. 그 누구도 생명을 빼앗아 갈 수 없습니다. 구원의 투구(Salvation)는 단 일회적인 결단으로 주어집니다. 예수님을 구원주요 주님으로 믿는 그 순간입니다. 이러한 회심의 순간, 우리는 사망에서 생명으로 옮겨집니다(요 5:24). 구원의 투구를 쓰는 순간입니다.
셋째, 허리띠, 흉배, 신입니다.

ㅣ **각자 연구** ㅣ 허리띠 → 진리(Truth), 흉배 → 의(Righteousness), 신 → 평화의 복음(Gospel of Peace).

공격 무기입니다.
공격 무기는 검(劍, Sword)입니다. 검은 1세기 당시 개인이 지닌 최고의 공격 무기였습니다. 방어 무기만으로는 완전한 승리가 있을 수 없습니다. 공격 무기를 지니지 못하면 방어 무기는 한계가 있습니다. 방어 무기와 공격 무기가 함께 조화를 이룰 때 승리할 수 있습니다. 공격 무기를 지녀야 합니다.

3 영적 전투에 임할 때 언제나 이길 수 있다는 확신과 패기를 가져야 한다. 그 이유를 말하라(고전 15:57).

- 우리는 승리하신 주님 곁에서 그 승리를 함께 누리는 자임.

- 보장 된 승리를 쟁취하라.

- 이스라엘이 가나안을 밟고 나아가듯이, 그리스도인은 유혹을 이기도록 창조되어졌다.

- 언제든지 유혹을 이길 수 있도록 창조되어져(Being) 있다.

- 새 사람(New Self)은 옛 사람(Old Self)을 이길 수 있는 힘 뿐만 아니라 세상을 이길 수 있는 힘도 있다.

- 새 사람이 지닌 성품이 얼마나 큰 힘을 지녔는지 알 수 있다.

- 새 사람은 늘 하나님의 뜻을 따르며 바른 길을 걷는 사람이다.

4 빈 ( ) 채우기

" 우리가 육신으로 행하나 (육신)에 따라 싸우지 아니하노니 우리의 싸우는 무기는 (육신)에 속한 것이 아니요 오직 어떤 견고한 진도 무너뜨리는 하나님의 능력이라" (고후 10:3-4)

그리스도인의 삶은 그리 단순하지만은 않다. 하나님께서 주시는 축복도 있지만 하나님의 편에 서서 이 세상의 악과 싸워야 하는 경우도 있다. 적과 싸우는 군인과도 같이 그리스도인들은 악과 대항하여 싸우는 그리스도의 군병이다.

prayer & homework

***기도**

***과제**

영적 전쟁에서 강하기 위해 하루를 금식하며 기도의 날로 삼는다.

≫ 그리스도인! 당신은 그리스도인의 군사입니다!

1 그리스도인의 삶의 정체는 영적인 전쟁입니다.

2 그리스도인이 결국에 이루어야 할 것은 영적인 싸움에서의 승리입니다.

3 그리스도께서 당신을 치열한 영적 전쟁터의 군사로 부르고 계십니다.

4 평화에는 항복으로 말미암는 평화와, 승리로 말미암는 평화가 있습니다.

5 고회는 천국으로부터 파견된 전투사령부이고, 예배는 전투를 위한 재충전의 시간입니다.

6 강한 군사가 되는 첫 번째 비결은 주 안에 거하는 것입니다.

7 강한 군사가 되는 두 번째 비결은 주님의 능력 안에 있는 것입니다.

8 영적 전쟁의 전범은 마귀입니다.

9 마귀와 그의 졸개들은 오직 영적 전쟁에서의 승리를 위해서만 존재합니다.

10 마귀는 뛰어난 궤계를 통해서 우리를 공격합니다.

11 마귀의 뛰어난 궤계도 하나님의 지혜 앞에서는 하찮은 것입니다.

12 하나님의 자녀는 마귀의 공격에 당당하게 맞섭니다.

13 마귀를 대적하되 능히 대적하기 위해 하나님의 전신갑주를 입으십시오.

14 영적 전쟁은 오직 하나입니다.

15 영적 전쟁에서 나의 전략은 곧 우리의 전략입니다.

16 영적 전쟁은 혈과 육에 대한 것이 아니라, 악의 영들에 대한 싸움입니다.

17 예수 그리스도께서 이미 마귀의 왕국을 멸하였으나, 패잔병처럼 남아 있는 악의 영들은 여전히 공격의 고삐를 늦추지 않습니다.

18 영적 전쟁에 있어서 사기도 중요하지만 무엇보다 무장 상태에 있는지의 여부가 중요합니다.

19 하나님의 전신갑주를 취하라는 명령은 능동 명령입니다.

20 이 시대는 악한 날입니다.

21 악한 날에는 세상으로부터 자기 자신을 지켜야 합니다.

22 싸우는 병사의 목표는 생존이 아니라 승리입니다.

23 전투가 끝난 후에도 든든히 서는 자가 진정한 하나님의 군사입니다.

24 서 있는 것은 싸우기 위한 가장 기본적인 자세입니다.

25 전쟁에 있어 공격만큼 중요한 것은 방어입니다.

큐티나눔

최근에 '부득이' 거짓말을 했거나 거짓을 행한 기억을 더듬어 보라.

사도행전 5:1-11

성령이 충만하여 부흥하던 초대 교회에 최초의 안으로부터의 시련이 다가왔다.
그것은 한 부부가 성령을 속임으로 죽임을 당하는 충격적인 일이었다.

1 1절에 나타난 이 부부가 한 일을 말해보라.

부부가 소유물(땅)을 팔음

(그 배경적 동기는 앞 4:32-37을 참조)

바나바의 헌신을 본 초대 교회의 성도들은 믿음이 고무되어 자기의 소유를 드려 교회를 섬기고자 했다. 이것을 따라 이 부부도 어느 정도의 재산을 헌금하여 교회 앞에 칭찬을 받으려 했다.

2 2절의 행위를 묘사해보라.

부부가 함께 얼마를 감춤, 교회(사도들) 앞에 가져옴

(그는 하나님의 눈보다도 사도들의 발을 더 존경한 것이다. 그러므로 우리가 옳은 일을 하려고 할 때 세인의 눈길에서 인정을 받으려고 애쓰는 일이 없도록 우리 모두가 각별히 조심하지 않으면 안 된다.)

그러나 불행하게도 탐욕이 생기고 말았다. 여기서 '감추매'는 '자기 자신을 위하여 갈라 놓다'라는 의미이다.

3 이 행위를 사도 베드로는 어떻게 분석하는가? (3)

사단에 조종되어 성령을 속임

(베드로는 사단이 아나니아의 마음에 가득 찼다고 말함으로써 그 범죄가 가공할 만한 것임을 지적해 준다. 왜냐하면 사단의 유혹에 마음이 찔림을 받지 않은 자는 한 사람도 없으며 또 많은 유혹이 이들 개개인에게 몰래 스며와서 그들의 마음속까지 파고들기 때문이다. 그러나 사단이 그 마음을 잡게 될 때에 마치 하나님은 거기서 추방되는 것처럼 되기 때문에 사단이 그 사람 전체를 지배하게 되는 것이다. 하나님의 성령이 그에게 머물만한 자리가 없을 정도로 그가 사단에게 넘겨졌다는 것은 그것이 바로 하나님께 버림받은 자의 표지인 것이다.)

사단은 '대적자' 라는 뜻으로(욥1:6;슥3:1) 하나님을 대적하고 성도를 대적하고 하나님과 인간을 이간시키는 거짓의 아비이다(요8:44).

4 비극은 계속되었다. 아내는 어떻게 되었는가? (7-9)

아내 역시 같은 거짓을 반복하고 죽음을 맞음

(남편의 요구가 삽비라의 위장의 원인이 된 것이 아니었고 따라서 그녀의 범죄는 부끄러운 것으로 생각될 수밖에 없었다. 외부에서 주어진 어떤 압력이 그녀에게 가해짐이 없이 자신의 자유의사에 의하여 행동하였기 때문에 그녀는 남편보다 나을 것이 아무 것도 없는 것이다. 또한 그녀는 베드로의 심문에서 자기들의 사기행위가 폭로되었다는 사실을 알게 되었기 때문에 그들은 악의의 거짓말을 하는 데 있어서 동일한 수준에 있었던 것이다.)

부부 중 어느 한 쪽이라도 정직할 수 있었다면….
다윗은 아내 미갈의 부덕한 행동을 충고하는 남편이었고(삼하6:21), 아비가일은 남편 나발의 미련함에 용서를 구하는 아내였다(삼상25:24).

1 사람의 본질은 원래 어떠한가? (예레미야 17:9)

심히 부패함

(아담의 후손인 인간의 실체이다. '마음'이란 것은 인간의 생각과 행위의 원천이다. 여기서는 그것이 모든 것보다 거짓되다고 묘사되어 있다. 본절을 원문에 충실하게 다시 번역하면, '마음은 그 어떤 것보다 더 더럽고 치유할 수 없는 것이다. 누가 그것을 이해할 수 있겠는가?'이다.)

2 그러나 그리스도안의 우리는 어떠한가? (골로새서3:9-10)

새 사람, 새 존재이다.

('옛 사람'은 타락한 죄성을 가진 '옛 본성'을 의미하며, '새 사람'은 그리스도 안에서 소유하게 된 새로운 본성을 의미한다. 옛 본성을 소유한 사람들의 삶은 앞서 열거한 수많은 악으로 가득찬 생활인 반면(5, 8, 9절) 새 본성을 소유한 그리스도인은 그리스도를 닮아가는 삶을 살아간다. 새 사람을 입은 그리스도인은 부단히 하나님의 뜻에 순종함으로 그리스도를 닮아가며 새로워지게 되는 것이다. 그런데 그리스도인이 지속적으로 새로워져야 하는 목적은 '지식에 이르게 하기 위함' 이다. 새 사람이 획득한 '지식'은 하나님의 뜻과 명령을 인식하는 능력으로(1:9) 새 사람은 이 지식을 통해서 창조자의 뜻에 일치하는 삶을 살아갈 수 있게 된다.)

3 주의 장막에 거할 자의 자격은? (시편15:1,2)

정직, 공의, 진실의 사람

(본절에는 성전에 들어갈 수 있는 조건 중 적극적인 측면 세 가지가 제시되어 있다. 여기서 '정직'에 해당하는 히브리어 '타밈'은 '흠없는'(blameless), '완전한'이란 뜻으로 이는 물론 절대적인 완전성을 의미하지는 않으며 하나님의 기준에서 인간이 도달해야 할 도덕적 수준을 의미하는 말이다. '공의'는 하나님과의 관계에서는 하나님의 언약을 충실히 지키는 것을, 이웃과의 관계에서는 도덕적인 규범을 준수하는 것을 의미한다. 마음에 진실을 말하며 - 이는 인간 내면의 생각들, 곧 마음의 묵상에 관한 구절이다. 그 마음의 생각이 (하나님과 사람 앞에서) 믿을 만하며'라고 해석될 수 있다. 이상과 같이 살펴본 세 가지의 적극적인 조건들은 한마디로 표현해서 하나님의 언약의 말씀에 일치하는 성품을 나타낸 것들이다.)

부정직한 행위의 대표적 예인 뇌물에 대한 성경의 증언은? (마28 : 13)

부활 현장을 본 군인들을 매수하는 뇌물에 관한 얘기. (11-15절 참조)

예수님이 부활하신 날 아침 무덤을 지키던 군인들은 떼돈을 벌었다. 예수님의 시체가 사라졌기 때문에 입장이 난처해진 종교 지도자들이 군인들에게 ""그의 제자들이 밤에 와서 우리가 잘 때에 그를 도둑질하여 갔다 하라(마28 : 13)""고 부탁하면서 뇌물을 주었기 때문이었다.

성경은 뇌물이 이 땅에 존재하는 이유를 어느 정도 인정하고 있다. "은밀한 선물은 노를 쉬게 하고 품 안의 뇌물은 맹렬한 분을 그치게 하느니라"(잠 21 : 14). 그러나 결코 이것을 옹호하지는 않는다. 인간의 죄성에 대한 하나의 표현으로써 강하게 부정하고 있다.

"너는 뇌물을 받지 말라 뇌물은 밝은 자의 눈을 어둡게 하고 의로운 자의 말을 굽게 하느니라"(출 23 : 8). "무죄한 자를 죽이려고 뇌물을 받는 자는 저주를 받을 것이라 할 것이요 모든 백성은 아멘 할지니라"(신 27 : 25). "경건하지 못한 무리는 자식을 낳지 못할 것이며 뇌물을 받는 자의 장막은 불탈 것이라"(욥 15 : 34). "왕은 정의로 나라를 견고하게 하나 뇌물을 억지로 내게 하는 자는 나라를 멸망시키느니라"(잠 29 : 4). "이익를 탐하는 자는 자기 집을 해롭게 하나 뇌물을 싫어하는 자는 살게되느니라"(잠 15 : 27). "탐욕이 지혜자를 우매하게 하고 뇌물이 사람의 명철을 망하게 하느니라"(전 7 : 7).

이렇듯 성경은 뇌물에 대해서 분명히 금하고 있다. 그런데 오늘날 우리 사회에서는 뇌물이 다양한 얼굴을 가지고 우리 생활 속에 스며들어 있다. 흔히 사용되는 용어만 해도 커미션, 로비와 같은 거창한 용어가 있는가 하면 떡고물과 같은 희화적인 표현도 있고 촌지, 사례금, 급행료 등의 일상적인 표현도 있다. 어떤 용어를 사용했든지 이기적인 욕심을 채우기 위해서 공의를 무시하면서 돈의 힘에 의지한 것은 다 뇌물이다. 크리스천은 이런 것들에 대해서 말씀이 명하는대로 분명한 태도를 취해야 한다.

정직의 필수적 2가지 기준 모든 것을 정직한 방법으로 얻도록 하라. 모든 말을 사실 그대로 하라. 거짓이란 말, 행동, 태도, 또는 침묵으로 나타나는 모든 종류의 속임수이다.

4 직장이나 사회생활에서 경험하는 현실은 어떠한가? (딤후 3:13)

서로 서로 속이는 삶

('악한 사람들'과 '속이는 자들'은 '그리스도 예수 안에서 경건하게 살려고 하는 자들'(12절)과 정반대되는 자들로 악할 뿐만 아니라 속이기까지 하는 자들을 가리킨다. 그래서 그들의 거짓과 악은 갈수록 심화되며 진실과 거짓을 구별하는 능력을 상실하게 되어 남을 속이기도 하지만 자신의 거짓과 악에 넘어가 스스로 속게도 된다.)

우리가 부정직을 도모하게 되는 이유는 " 누구나 다 그러는데 뭘 " 이렇게 합리화하기 때문이다. 당신의 경우 최근의 이런 경험은 없는가?

최근의 경험담, 고민담 나누기

(거짓이란 말, 행동, 태도, 또는 침묵으로 나타나는 모든 종류의 속임수이다. 예를 들면, 고의적인 과장, 진실의 왜곡, 거짓된 인상의 조장 등.)

5 그러나 거짓은 영적인 문제이다. 하나님과의 관계에 어떤 영향을 끼칠까? (잠12:22)

미움을 받음

(하나님과의 친밀함에 문제가 야기됨)

또한 거짓은 사람과의 관계를 무너뜨린다. 실제보다 과장하는 것도 일종의 거짓말이다. 아첨이나 위선도 일종의 거짓말이다. 윗사람들에게 보고하는 과정에서 현실을 왜곡함, 상품을 팔 때 고객들에게 과장해서 이야기함도 거짓에 속한다. 아는 사람들에 대해 추천을 할 때 그저 좋게만 이야기해 주는 것도 바람직한 것은 아니다.

6 진리를 달하는 데 따르는 값은 무엇인가? (마7:14)

좁은 길이다.

(정직의 필수적 두 가지 수준: ①모든 것을 정직한 방법으로 얻도록 하십시오. ②언제나 말을 해야 할 필요가 있는 것은 아니며, 특히 의견인 경우에는 더욱 그렇습니다. 그러나, 일단 말을 할때는 진실을 말하되, 반드시 사랑, 온유, 예의가 수반되어야 합니다. "선의의 거짓말"이란 있을 수 없습니다.)

거짓말이 만연하는 사회 속에서 손해를 볼 수 있지만 마음의 결단을 해야 할 때도 있음을 기억해야 한다. 이것이 이 시대 속에서 신앙인이 가야 할 정직의 길이다.

7 빈(   )채우기

"너희는 도둑질하지 말며 (속이지) 말며 서로 (거짓말)하지 말며 너희는 내 이름으로 거짓 맹세함으로 네 하나님의 이름을 욕되게 하지 말라 나는 여호와이니라" (레 19:11-12)

"사람이 갖고 있는 가장 귀한 능력 중 한 가지는 사실을 그대로 표현하는 능력입니다. 어떤 사실에 대해 그 정확한 길이, 넓이, 상호관계 그리고 의미 등을 이해하며 정확하고 충실하게 그 사실을 언어로 표현하는 것은 단지 성령에 의해서 잘 균형 잡혀지고 은사를 받은 자들에게만 나타나는 특징인 것입니다." 〈케이스 L. 브룩스〉

직장인들은 일하면서 8분에 한 번씩 거짓말을 한다는 재미있는 통계가 있다. 좀 과장되었다는 의문이 들기는 했지만 사실 곰곰이 생각해 보면 사람들이 하는 말에서 거짓말이 차지하는 비중이 엄청나

다는 것을 알 수 있다. 여기서 말하는 거짓말은 다양한 종류일 것이다. 어떤 것은 사회적으로 물의를 일으키는 사악하기 이를 데 없는 죄일 수도 있으며, 어떤 것은 직장 분위기를 부드럽게 하기 위해서 필요한 "양념"과도 같은 말일 수도 있다. 이제 직장 생활에서 할 수 있는 거짓말들을 살펴보고 성경적으로 평가하여 긍정적인 방향을 추구해보자.

1 다른 이에게 큰 피해를 주는 사악한 거짓말

이 거짓말은 다른 사람을 속여서 자신의 이익을 취한다는 점에서 심각하다. 이것은 단순한 거짓말이 아니다. 돈과 관련 있다면 도둑질이고 남녀 관계의 문제라면 간음이 된다. 경우에 따라서는 사람을 죽게 만들 수도 있다. 윤리적으로는 물론 법적으로도 흉악한 범죄다. 사기를 쳐서 다른 사람이나 회사에 악영향을 미치는 것이나, 좀더 넓게는 경쟁 회사에 대한 악선전을 하는 것들이 이에 해당된다. 이들에 대해 잠언은 이렇게 말한다. "속이는 말로 재물을 모으는 것은 죽음을 구하는 것이라 곧 불려 다니는 안개니라"(잠 21:6).

2 죄악을 은폐하려는 거짓말

거짓말은 대개의 경우 다른 범죄 행위와 관련되어 있다. 뇌물을 주거나 받은 것부터 죄악이지만 그것을 감춘 것은 또 다른 죄악이다. 워터게이트 사건으로 대통령 직을 사임한 닉슨의 경우도 도청을 한 죄보다도 그것을 숨기려고 거짓말을 한 것이 더 문제가 되었다.

3 신뢰를 잃게 하는 통념적인 거짓말

우리 사회에서 거의 당연한 것으로 인정되고 있는 거짓말이 있다. 장사하는 사람들이 "손해를 보고 판다"는 말을 믿는 사람은 별로 없다. 그렇다고 그렇게 말하는 사람이나 그 말을 듣는 사람이나 거짓말을 한다고 생각하지는 않고 그저 으레 그렇게 말하는 것이라고 생각한다. 이런 거짓말은 어느 사회에서나 통념처럼 되어 있다. 우리 나라보다 정직하다는 나라에서도 업무의 속성상 거짓말을 하기 쉬운 직업이 있다는 것을 부인하지 않는다. 예를 들면 중고차 판매원이나 변호사는 정직성이 가장 낮은 직업으로 평가된다. 우리 나라에서는 양상이 조금 다르기는 하겠으나 아무래도 영업사원이나 협상을 해야 하는 업무를 맡은 경우는 거짓말의 유혹을 받기 쉽다. 특히 빠뜨릴 수 없는 직업이 정치가다. 이들의 거짓말은 앞에서 말한 사악한 거짓말과는 어느 정도 구별되어야 하지만 그렇다고 크리스천으로서 거짓말을 정당화할 수는 없다.

4 대인 관계를 위한 습관적인 거짓말

직장에서 자신이 원치 않는 일을 맡게 되었을 때나 직원들이 해 놓은 일을 평가하게 되었을 때 나타나는 몇 가지 반응들이 있다. 엉뚱한 말을 함으로써 진실을 회피하는 것, 거짓말로 진실을 감추는 것, 진실을 솔직하게 이야기하는 것이 있다. 세번째 경우는 윗사람이든, 아랫사람이든 너무하다거나 무례하다는 평가를 받게 되기 쉽다. 앞의 두 경우는 대인 관계를 잘하기 위해서 필요한 것 같지만 꼭 그런 것만은 아니다. 겸손하고 주의 깊게 진실을 말해 주는 것이 최상의 방법이다.

5 상대방을 배려하는 선의의 거짓말

예를 든다면 의사들이 환자의 건강을 고려해서 질병에 대해 거짓말을 하는 것이 이에 해당된다. 히포크라테스 선서에는 환자에 대한 정직함까지는 언급하지 않고 있다. 단지 의사는 환자에게 도움이 되는 일만 하도록 되어 있다. 예를 들어 주사를 맞거나 약을 원하는 환자에게 심리적인 치료를 위해 거짓으로 주사나 약을 주는 것이다. 또한 치명적인 질병에 걸린 환자에게 사실 그대로 병명을 말해 주면 충격을 받을 것이기에 치료 가능한 다른 질병이라고 말하는 예도 포함될 수 있다. 동기만 좋으면 어떤 거짓말도 괜찮다는 뜻은 아니지만, 상황에 따라서 이런 종류의 거짓말은 직업상 필요한 지혜로 인정해 줄 수 있다.

6 분위기를 생각해 의도적으로 하는 거짓말

항상 웃는 얼굴로 인사하고 기분 좋은 말을 건네면서 업무를 시작하는 사람이 있다. 그런 사람은 때에 따라서는 기분이 언짢을 때도 있겠으나 전체의 분위기를 위해서 기분 좋게 하는 말을 늘 하는 것이 습관처럼 되어 있다. 엄밀히 말하면 거짓말이라 할 수 있다. 그러나 오늘 우리들의 직장에는 그런 거짓말을 할 줄 아는 건강한 사람들이 필요하다. 이런 사람들은 "피스메이커(peace maker)"로서 직장에서 청량제와 같은 역할을 할 수 있다.

이상의 여섯 가지 유형의 거짓말이 우리 삶 가운데서 일어나는 모든 거짓말을 다 포함하지는 못하지만, 가능성이 있는 상황을 어느 정도 분석할 수는 있다. 처음 두 가지는 절대로 해서는 안 되는, 말 그대로 사악한 거짓말이다. 이것은 하나님과 사람 앞에서 너무나도 분명한 범죄다. 세번째와 네번째는 사람들에게 직접적으로 해악을 끼치지는 않지만 시간이 흐르면서 부정적인 문화를 형성하는 것이므로 피해야 한다. 마지막 두 가지는 오히려 우리의 생활에서 꼭 필요한 것이다. 거짓말에 대한 성경적인 정의를 따른다면 이런 것들은 거짓말의 범주에 넣지 않을 수도 있다. 〈방선기 목사〉

성경에서 묵인한 거짓말 성경은 기본적으로 거짓말을 정죄하면서도 예외적인 경우를 소개한다! 애굽에서 산파들은 아기들을 죽이라는 바로의 명을 피하기 위해 거짓말을 했다. 그런데 하나님은 그들에게 축복하셨다. 라합의 경우 이스라엘의 정탐꾼을 살려주려 추격자들에게 거짓말을 했다. 그들의 공통점은 하나님 편에 서서 생명을 살리기 위함이었다.

무서운 진실 거짓말은 시간이 지나면 결국 드러나게 된다! 거짓말하는 데 익숙하게 되면 점점 더 큰 거짓말을 하게 되고 그것 때문에 다른 죄악을 낳게 된다.

prayer & homework

***기도**

***과제**
말과 행동으로 전혀 거짓을 범하지 않는 일주일을 살아내기

▶▶ 거짓말 유형 8가지

1 도덕형 거짓말

예를 들면 죽을 수밖에 없는 환자에게 믿음으로 치료받으면 건강이 회복될 수 있다고 말하는 것이다.

2 사기형 거짓말

남을 속여 자기의 유익을 도모하는 수단으로 사용하기 위해 하는 거짓말이다.

3 악질형 거짓말

남을 괴롭히고 망하게 하는데 목적이 있는 거짓말로 이 같은 거짓말은 악한 마음에서 비롯된다.

4 농담형 거짓말

자기의 유익이나 남에게 손해를 주려는 것이 아니라 그저 장난삼아 하는 거짓말이다.

5 아부형 거짓말

남을 기쁘게 해줌으로써 자신의 이득을 노리는 아부가 여기에 속한다.

6 위장형 거짓말

자신을 돋보이게 하기 위해서 하는 거짓말이다.

7 교육형 거짓말

교육을 목적으로 사실이 아닌 어떤 우화를 예를 들어 설명하는 경우이다.

8 회피형 거짓말

자신의 책임이나 잘못을 회피하기 위해 하는 거짓말이다.

큐티나눔

당신이 생각하는 '평화'는 무엇인가? 나누어보자.

고린도후서 5:17-19

인류 역사에 왜 평화가 없을까? 죄가 사람과 하나님과의 화평을 깨뜨린 것이다. 하나님과의 친화관계가 깨어진 것이다. 그 날 이후 사람은 스스로 고독한 존재가 되었다. 죄가 마음의 평화를 빼앗아간 것이다.

1 바울은 으리 그리스도인을 뭐라고 부르는가? (17)

새로운 피조물

(인종과 성(性)을 초월하여 누구라도 그리스도의 죽음을 자신의 죽음으로 받아들여(14절) 그리스도와 영적인 연합을 이루면(갈 2:19,20) 그는 새로운 피조물이 된다. 사람이 그리스도와 영적인 교제를 갖게 되었을 때 그에게는 그리스도로 말미암는 새로운 창조 행위가 일어나 새로운 존재가 된다는 의미로도 볼 수 있다. 그러나 이 새로운 창조 행위를 오해하여 새로운 질료(質料)로 만들어지는 전혀 다른 모습을 상상해서는 안된다. 그는 여전히 육의 몸을 입고 있고 동일한 세계에 살고 있으므로 육체의 욕망과 죄에 굴복당할 가능성을 안고 있는 것도 사실이다(롬 6:12, 13). 그럼에도 불구하고 결정적으로 중요한 사실은 그가 그리스도와 세계에 대하여 새로운 관계를 맺게 된다는 것이다(16절). 따라서 '새로운 피조물'이 될 사람은 이전과는 전혀 다른 생활 방식과 사고 방식을 따라 살게 된다.)

2 하나님께서 독생자를 통해 하신 일은 무엇이었는가? (18상)

하나님이 그리스도를 통해 자기와 우리를 화목케 하심

(인간이 하나님에게 범죄함으로 양자 사이가 분리되었고(사 59:2), 원수와 같은 적대 관계에 빠지게 되었다(롬 5:10). 그런데 예수 그리스도께서 인간의 죄를 대신 짊어지고 죽으심으로써 하나님과 인간 사이를 가로 막았던 담이 무너지고, 적대 감정이 해소 되었다(롬 5:10;골 1:15-22). 이 엄청난

화해의 작업은 일방적 관계의 파기자(破棄者)인 인간이 할 수 없었기에 오직 하나님에 의한 주도권으로 이루어졌다. 따라서 하나님과 인간의 화해는 전적으로 그리스도로 말미암는 하나님의 은총이기도 하다.)

예수님은 이 세상에 죄로 인해 단절되고 깨진 관계, 병든 관계를 회복시키시기 위해 오셨다. 이제 우리에게 주신 책임은 무엇인가? (18하)

화목하게 하는 직책주심

(여기서 '우리'라는 것은 바울과 그의 동료들 뿐 아니라 전체 기독교인을 가리킨다고 보아야 한다. 따라서 누구라도 하나님과 화해 했다면 그는 '화목하게 하는' 직책을 맡은 자로서 수평적으로는 이웃과 화목해야 하고 수직적으로는 아직 화해의 은총을 모르는 자에게 그리스도 사건을 전해야 한다.)

3 그런 자에게 예수께서 선언하시는 복은 어떤 것인가? (마 5:9)

하나님의 아들이라 칭함 받음

(그 평화의 왕의 은혜로 구원얻은 성도들은 인간들 사이에서 예수께서 실현하셨던 평화의 사역을 지속적으로 수행해 가야만 하는 것이다. 화평케 하는 것은 단순히 분쟁 등을 완화(緩和)시키는 것이 아니다. 우리는 화평케하는 진정한 본보기를 하나님이 대가를 치르면서 이룩하신 화평에서 찾아야 한다(엡 2:15-17; 골 1:20). 이러한 일을 하는 사람들은 하나님의 아들로 인정될 것이다.)

피스 메이커—그리스도로 인해 하나님과의 진정한 평화를 누리는 자만의 특권인 것이다(로마서 5:1). 성경에서 400번 이상 반복되는 평화(평강)란 말은 본래 재연합(Reunion) 즉 깨어진 관계가 다시 회복됨을 뜻한다.

1 자신과의 불화는 여러 가지 양태로 나타날 수 있다. 다음 구절은 욥의 어떤 상태를 나타낸다고 보는가? (욥3.1, 2)

고난 중의 욥이 자기를 증오하는 탄식이다.

〈생일을 저주하는 욥〉그 후에 - 욥의 친구들이 당도한 후 7일이 지난 때를 가리킨다(2:13). 이 기간 동안 욥과 그의 친구들은 공히 침묵을 지켰다. 이때 아마 욥은 자신이 당하는 고난의 원인과 의미에 대해 깊이 생각한 듯하다. 여기서 주목해야 할 것은 욥이 자기의 생일을 저주하였으되, 자신의 고난에 대해 하나님께 운망을 하기 전에 먼저 자기 자신의 생일(삶)에 대해 탄식을 발했다는 사실이다. '날'(day)과 '밤'(the night)이 대구적으로 사용되었으나 이 두 단어는 모두 욥의 출생(일)을 가리킨다. 엄밀히 말하자면 '날'은 출생일(出生日)을 가리키고 '그 밤'은 잉태된 날을 가리킨다.

혹시 이와 흡사한 요즘 당신이 겪은(혹은 겪고 있는) 감정이 있는가? 그 이유는?
요즘 어떤 쓴 감정으로 자신을 질시하는이가 있는가?

자신과의 평화는 하나님이 나를 사랑하셨음을 확신함(엡2:8,9), 신실하신 그 하나님을 신뢰함(시42:5)을 전제로 주어지는 선물이다.

2 혹 주위에 트러블 메이커라 불리우는 사람이 있는가? 그의 깊은 문제는 무엇일가? (사26:3을 자신의 말로 써보라)
자신의 마음을 스스로 통제하지 못함, 마음이 흔들림 없는 자에게 평강을 주심

그리스도와 연합한 우리는 예수님께 속해 있고 그의 영광을 위해 사는 근사한 존재라는 사실을 끊임없이 자신에게 상기시킬 필요가 있다. 이미 화평의 주인공이 된 자는 그 화평을 전하고 만드는 자로 살아야 한다. 노벨 평화상을 받은 누군가를 알고 있는가? 혹은 내 주위에 '피스 메이커' 라고 불리울 만한 사람을 알고 있는가?
가급적 근처의 누군가를 떠올려보자.

3 먼저 우리는 가까이 있는 사람들과 더불어 화평하기를 배워야 한다. 당신은 우선 가족과의 관계를 점수로 매긴다면 몇 점이나 될까? 그 이유는?
마음을 열어 가족 얘기를 나누라.

자신과 교회 교우들과의 관계를 점수로 매긴다면?
성도들과의 관계도

친척이나 동네의 이웃이나 사회의 동료들과의 관계를 점수로 매긴다면?
주위 이웃 사회에서는?

4 지루하게 진행되는 깨어진 관계, 어떻게 회복할 수 있을까? 관계 회복의 조언이다.

1 먼저 하나님께 이야기해야 한다. 하나님과 먼저 깨어진 문제들을 의논해야 한다. 그와 이야기하기 전에 먼저 기도한다면 하나님은 우리의 마음을 바꾸시거나 변화시키신다는 것을 발견하게 된다. 사도 야고보는 대부분의 갈등이 (기도)의 부족으로 생긴다는 것을 지적했다(약 4:1-2).

2 먼저 다가가야 한다. 당신이 피해자이든 가해자이든 상관이 없다. 하나님은 당신이 먼저 움직이기를 기대하신다. 예수님께서는 "예물을 제단에 드리려다가 거기서 네 형제에게 원망들을 만한 일이 있는 것이 생각나거든 예물을 제단 앞에 두고 먼저 가서 형제와 화목하고 그 후에 와서 예물을 드리라" (마 5:23-24)고 하셨다.

이 둘 중에 어느 것이 당신에게 부족한가? 이제 당신의 선한 결심을 말해보라.
기도와 먼저 다가가는 행위… 부족한 바는?

그렇다면 어떻게 깨진관계를 회복할 수 있습니까?

첫째로, 사람에게 이야기 하기 전에 하나님께 이야기해야 합니다. 하나님과 먼저 깨어진 문제들을 의논해야 합니다. 친구와 이야기하기 전에 먼저 기도한다면 하나님은 우리의 마음을 바꾸시거나, 우리의 도움으로 상대방의 마음을 변화시키신다는 것을 발견하게 됩니다. 관계들을 놓고 더 기도한다면, 분명 그 관계들은 더 원만해질 것입니다. 다윗이 시편에서 종종 고백했듯이 기도를 통해 하나님께 마음을 쏟고, 하나님께 낙담한 마음에 대해 이야기하며, 그분에게 울부짖어야 합니다. 하나님께서는 우리의 분노, 상처, 불안 등의 감정에 대해 놀라거나 당황해하지 않으십니다.

사도 야고보는 대부분의 갈등이 기도의 부족으로 생긴다는 것을 지적했습니다.

"너희 중에 싸움이 어디로, 다툼이 어디로 좇아 나느뇨 너희 지체 중에서 싸우는 정욕으로 좇아 난 것이 아니냐 너희가 욕심을 내어도 얻지 못하고 살인하며 시기하여도 능히 취하지 못하나니 너희가 다투고 싸우는도다 너희가 얻지 못함은 구하지 아니함이요"(약 4:1-2)

두번째로, 깨어진 관계를 회복하기 위해서는 항상 먼저 다가가야 합니다. 우리가 피해자이든 가해

자이든 상관이 없습니다. 하나님은 우리가 먼저 움직이기를 기대하십니다. 상대방이 행동을 취할 때까지 기다리지 말아야 합니다. 예수님께서는 "그러므로 예물을 제단에 드리다가 거기서 네 형제에게 원망들을 만한 일이 있는 것이 생각나거든 예물을 제단 앞에 두고 먼저 가서 형제와 화목하고 그 후에 와서 예물을 드리라"(마 5:23-24)고 말씀하셨습니다. 깨어진 관계는 핑계나 미루어서은 안됩니다. 곧바로 문제를 해결하기 위해 하나님께 기도하고, 먼저 다가가야 합니다. 이것이 영적인 성숙한 사람의 모습입니다. 그리고 우리 하나님께서 원하시는 삶의 모습입니다.

5 롬12:18을 요약해보라. 이 말씀에 당신의 경우를 비춰보라.

누구와도 가능한한 화평을 추구할 것

(이는 모든 사람과 평화를 유지하는 것이 어려울 때도 있다는 것을 전제한다. 그럼에도 불구하고 본 절은 신자들이 가능한한 모든 사람과 평화하려고 애써야 한다는 것을 교훈한다. 진정한 평화는 인간의 애씀만으로는 이뤄지지 않는다. 평화를 위해 예수께서 이 땅에 오셨으며(눅 2:14), 하나님과 죄악된 인간을 화목케 하시려고(골 1:20, 22) 십자가에 달리심으로 평화를 이루셨다. 이는 다른 사람과 조화를 이루면서 평화를 이루어야하는 궁극적인 근거가 된다. 하나님께서 죄악된 인간과 평화를 이루시기 위해 예수 그리스도를 이 땅에 보내신 것처럼 신자들도 평화를 위해 하나님의 부르심을 받았다(골 3:15) 그러므로 신자들은 화평케하는 자들이다(마 5:9).)

깨어진 관계는 핑계대거나 미루어서는 안 된다. 곧바로 문제를 해결하기 위해 하나님께 기도하고, 먼저 다가가야 한다. 이것이 하나님께서 원하시는 삶의 모습이다. 존 번연은 때때로 그리스도인들이 평안하지 못한 관계를 볼 때마다 말할 수 없는 심정으로 가슴 아파하며 이렇게 술회했다. "이상하다. 이해할 수 없는 것이 하나 있다. 마귀와 더불어 대적해야 할 성도들이 자기끼리 싸우고 있다니."

6 막10:45을 자신의 말로 써보라

예수님 자신은 모든 사람을 섬기기 위해 오셨고 급기야 목숨을 주심

(과연 그리스도의 전 생애는 철저히 섬기는 생애였다. 그리고 마지막으로 그 생명까지 바쳐 인류를 섬기시고 구속하신 것이다. 그것은 모든 믿는 자들에게 최고의 모본이 되었다. 그는 온 인류를 하나님과 화평케 한 최고의 피스 메이커였다.)

● 관계들은 자주 깨질 때가 있습니다. 그러나 이런 깨진 관계를 우리는 회복해야 할 직책을 우리 하나님께서 주셨습니다. 오늘 말씀에서 "우리를 자기와 화목하게 하시고, 또 우리에게 화목하게 하는

직책을 주셨다"고 말씀하십니다. 그래서 신약의 상당부분이 우리에게 함께 살아가는 방법을 가르치는데 할애합니다 (빌 2:1-4).

● 사도바울은 우리가 다른 사람들과 화합하며, 어울리는 것이 우리의 영적인 성숙도라고 말하고 있습니다(롬 15:5). 예수님은 우리 그리스도인들이 서로 사랑하는 것으로 세상에 알려지기를 원하셨습니다(요 13:35). 그래서 깨진 관계를 사랑으로 치료하고, 감싸주기를 원하셨습니다. 사도 바울은 문제가 많았던 고린도 교회의 성도들이 당파로 나누어지고, 사소한 고소까지 하는 것을 부끄러워했습니다. 그는 "내가 너희를 부끄럽게 하려 하여 이 말을 하노니 너희 가운데 그 형제간 일을 판단할 만한 지혜 있는 자가 이같이 하나도 없느냐"(고전 6:5)고 말했습니다. 사도 바울은 고린도교회에 그 누구도 문제들을 평화롭게 해결할 성숙한 사람이 없다는 것에 충격을 받았습니다. 그래서 고린도전서에서 "형제들아 내가 우리 주 예수 그리스도의 이름으로 너희를 권하노니 모두가 같은 말을 하고 너희 가운데 분쟁이 없이 같은 마음과 같은 뜻으로 온전히 합하라"(고전 1:10)고 말합니다.

● 예수님은 이 세상에 오신 이유가 바로 깨진 관계를 회복케 하시기 위해 오신 것입니다. 죄로 인해 하나님과 우리가 단절되, 깨진 관계, 병든 관계를 회복시키시기 위해 이 땅에 오셨습니다. 뿐만 아니라 예수님의 이 화평의 사역을 우리들에게도 동일하게 주셨습니다. 예수님은 "화평하게 하는 자는 복이 있나니 저희 하나님의 아들이라 일컬음을 받을 것임이요"(마 5:9)라고 말씀하셨습니다. "화평하게 하는자 곧 평화를 위해 일하는 자들은 복을 받고, 하나님의 아들이라 일컬음을 받을 것이다"고 말씀하셨습니다. 평화의 왕으로 오신 예수님. 세상의 갈등과 전쟁과 싸움 속에서 깨진 관계를 회복시킴으로써 화평케 하시는 주님이십니다. 또한 주님을 따르는 우리도 화평케 하는 사람들입니다.

"비록 그가 우리의 호의를 받을 만한 가치가 없을 뿐만 아니라 불의한 행동과 저주로 당신의 감정을 상하게 했을지라도, 그것마저 우리가 사랑으로 껴안으며 그를 향한 사랑의 의무를 다하는 것을 중단할 정당한 이유가 되지 않는다." 마크 쇼의 '비전'중에서

***기도**

***과제**
피스메이커 되기 – 주위에서 관계회복이 필요한 둘 사이를 중재하여 화목케 하기.

행복 서비스 일곱가지

첫째 Happy look

부드러운 미소, 웃는 얼굴을 간직하십시오. 미소는 모두를 고무시키는 힘이 있습니다.

둘째 Happy talk

칭찬하는 대화, 매일 두 번 이상 칭찬해 보십시오. 덕담은 좋은 관계를 만드는 밧줄이 됩니다.

셋째 Happy call

명랑한 언어, 명랑한 언어를 습관화하십시오. 명랑한 언어는 상대를 기쁘게 해줍니다.

넷째 Happy work

성실한 직무, 열심과 최선을 다하십시오. 성실한 직무는 당신을 믿게 해줍니다.

다섯째 Happy song

즐거운 노래, 조용히 흥겹게 마음으로 노래하십시오. 마음의 노래는 사랑을 깨닫게 합니다.

여섯째 Happy note

아이디어 기록, 떠오르는 생각들을 기록하십시오. 당신을 풍요로운 사람으로 만들 것입니다.

일곱째 Happy mind

감사하는 마음, 불평대신 감사를 말하십시오, 비로소 당신은 행복한 사람임을 알게됩니다.

큐티나눔

당신은 직장에 만족하고 있는가?
전직을 고려해 본 적이 있다면 그 이유는 무엇이었는가?

창세기 1:26-28

우리는 육신을 위해서만 살다가 주일에는 하나님의 품 안으로 도피하는 자인가?
진정 주님이 원하시는 직장인은 어떤 것인가? '성경적 직업관 원리' 는?

이원화된 신앙인의 삶을 지적한 것, 주일에 그렇듯이 주중에도 주님과 함께 사는 삶이어야 함

1 제 1원리— 창조의 원리

하나님이 세상을 창조하신 후에 사람에게 가장 먼저 주신 명령은? (창 1:28)

충만, 정복, 다스림

에덴에서 하나님은 과연 어떤 예배를 원하셨을까? "생육하고 번성하여 땅에 충만
하라"(창 1:28)고 하신 하나님은 사람들이 동산을 지키고 피조물들의 이름을 짓고
다스리는 모습을 통해서 영광을 받으셨다. 일 자체가 하나님께 드리는 예배가 되었
다. 성경이 말하는 일이란 직장 일만 말하지 않는다. 부부가 함께 직장 생활과 가
사 노동의 즐거움과 어려움을 이야기하는가?

일은 타락 이전에 주어진 신성한 가치를 가짐

2 제 2원리— 타락의 원리

직장의 일이 짜증 혹은 고통으로 다가온다면 그 근본 원인은? (창 3:19)

아담의 타락 후 노동은 징계의 한 방편이 됨

(인간의 범죄 결과, 그들의 여생은 죽음을 향해 나아가는 여행길에 불과할 뿐임을 교훈해 주는 말
이다(2:17).)

사람의 죄악은 영적인 면에만 영향을 미친 것이 아니라 일상생활의 구석구석에까지 영향을 미쳤다.

3 제 3원리 — 구속의 원리

그리스도 안의 새 피조물(고후 5:17)이 되는 원리는 우리의 직장 생활에 어떤 변화를 가져오는가? (골 3:23)

무슨 일을 하든지 자원하는 맘으로 성실히.

(본절에서는 그 봉사가 하나님 앞에서 마음껏 실행되어야 할 것을 말한다. "마음을 다하여"란 말을 자역(字譯)하면 "영혼에서부터"라고 할지니 이것을 보면, 마음을 다하는 것 뿐 아니라 감심(甘心)의 의미까지 포함한다. 아무리 노고가 심하고 비천한 일이라 할지라도, 그것이 주님을 위한 것이라면 그야말로 향기롭고 영예로운 것이다. "주께 하듯 하고 사람에게 하듯 하지 말라." 이는 노예가 그 봉사를 할때에 주님을 위하는 의미로 할 것이고, 인간을 위하는 의미로 할 것이 아니라는 것을 가르친다.)

'주의 일'이란 성경을 읽고 기도하는 것만이 아니라 일상에서 하는 모든 일을 포함한다. 중요한 것은 일의 종류가 아니라 일하는 자세이다.

우리가 크리스천이 된 후 어떤 직업은 포기해야 하는 경우가 있을까?

신앙 양심을 거스르는 직종들, 사회에 악을 더하는 일 등….

4 제 4원리 — 완성의 원리

크리스천들은 언제까지 일을 해야 하는 것일까? (전 9:10)

힘이 있는 동안에는 열심히

(이는 인생의 행복이 수고하는 가운데 낙을 누리는 것인 바(2:24;3:13,22) 진정 낙을 누리고자 한다면 맡겨진 일에 최선을 다할 것을 촉구하는 말씀이다. 전도자가 여기서 이를 언급한 것은 이 세상에 살아있는 동안 최선을 다해 수고하는 가운데 낙을 누리라는 뜻을 강조하기 위함이다.)

우리는 하나님이 이 땅에 이루실 그 나라를 염두에 두고 주님의 재림으로 하나님의 나라가 완성될 때까지 그분의 계획에 땀흘려 동참해야 한다. 어떻게 하면 직장에 나가는 배우자를 도울 수 있을까?

대개의 직장인의 일하는 동기는 생계를 위한 수단과 자기실현이다. 그렇다면 그리스도인이 지녀야 할 바른 직업의 동기는 무엇인가? 당신의 동기는?

직장인 배우자를 신앙적 관점으로 이해하고 격려하기….

(우리는 단지 생계를 위해서 일터에 나가는 것이 아니다. 하나님의 소명에 의해서 일한다.)

1 다른 사람을 섬김 하나님이 세상을 섭리하시는 관점에서 볼 때 그 일이 하나님의 뜻에 어긋나지 않고 성실하게 일하는 한, 모든 일은 이웃을 섬기는 일이 될 수 있다.

고용주와 고용인의 바람직한 자세는 무엇인가? (엡6:5-9)

종들은 상전을 성심으로 섬기고 주인도 종들을 그리함

(바울은 본절에서 '육체의 상전'과 '그리스도'를 대비함으로 종들이 '그리스도'께 복종하는 마음으로 '육체의 상전'을 섬기도록 권면한다. '두려워하고 떨며'는 늘 실수하지 않으려고 애쓰는 모습이며 (Scott), '성실한 마음으로'는 두 마음을 품지않고 오직 한 마음으로 섬기는 것을 가리킨다. 바울이 이런 자세를 요구하는 것은 비록 육체의 상전은 속일 수 있을지 모르지만 모든 것을 아시고 꿰뚫어 보시는 그리스도는 속일 수 없기 때문이다. 성도는 늘 그리스도의 주권을 인정하고 복종하듯이 육체의 상전을 섬겨야 한다. 도리어 모든 일을 할 때에 하루 24시간 그리스도 앞에 사는 그리스도의 종들처럼 그리스도에게 온전히 순종하여 하나님의 뜻을 행하듯이 육체의 상전을 전심으로 섬겨야 한다. 바울은 상전에게도 동일하게 권면한다. '이와 같이 하고'는 종이 행했던 것처럼 동일하게 상전도 행해야 함을 의미한다. 이것은 '종'과 '상전'이 상호 관계에서 동일한 행위의 기준을 갖고 있음을 시사한다. 상전들은 자신들이 소유한 사회적 지위나 권력을 악용해서 종들을 위협해서는 안 된다. 그리스도인들은 그 사회적 신분이 종이든 상전이든 상관없이 모두가 하나님 앞에 서 있음을 상기해야 한다. 바울은 상전들에게 그리스도께서 전혀 외모로 취하지 않으심을 지적함으로 상전들로 하여금 자만에 빠지지 않고 경각심을 갖도록 권면하고 있다.)

2 자신과 가족의 필요를 채움 바울 사도 자신도 자기의 필요를 채우기 위해 주야로 일했으며(살전 2:9) 일하기 싫어하거든 먹지도 말라고 했을 뿐 아니라(살후 3:10), 자기 가족이나 친족을 경제적인 면에서 돌아보지 않으면 불신자보다 악하다고 말했다(딤전 5:8).

일중독이란 말이 있다. 직장에 대한 내가 가지고 있는 꿈이 우리 가족 식구의 꿈인가?

일 중독…자기 성취 지향이 중독화 될수 있다.

3 다른 사람들을 도울 수 있는 재물을 얻음 다른 사람을 돕는 일은 하나님께 복을 받을 일이며(시 37:25-26), 성도의 마땅한 의무이기도하다(엡 4:28). 도움을 필요로 하는 사람들에게 나누어 주기 위해서 우리는 땀 흘려 일해야 한다.

4 하나님을 사랑할 수 있음 하나님에 대한 사랑을 나타내는 가장 중요한 표현은 하나님께 순종하는 것이다(요일 2:5-6). 직업을 결정하는 것부터 시작해서 일을 하는 과정은 물론 그 일의 결과에서 과연 하나님의 뜻을 순종하고 있는지 돌아보아야 한다.

5 약2:14을 자신의 말로 써보라.

믿음이 있는 사람은 그 믿음을 행위가 받쳐줄 수 있어야 함.

닻 내림

이상의 직업의 동기들을 종합하면 바로

하나님 사랑과 이웃의 사랑이다(마 22:37-40).

***기도**

***과제**

직장의 관계 속에서 솔선하여 섬기는 실천행위!

성공적인 직장인이 되는 10원리

1 웃는 얼굴을 갖는다.

주위사람에게 좋은 분위기를 주게 됨

2 좋은 성품을 개발한다.

발전해 가는 모습. 충고를 받아 드림

3 다른 사람보다 일찍 출근한다.

QT, 다른 사람을 돕고 본을 보임

4 계획을 세우고 평가한다.

시간의 효율화

5 새로운 아이디어를 낸다.

기존방법을 개선하고 더 효과적인 방법을 찾음

6 지속적인 공부와 자기계발에 힘쓴다.

지속적으로 성장한다. 아침과 휴일을 이용함.

7 적극적인 사람이 된다.

좋은 일을 먼저 한다(인사, 힘든 일, 꺼리는 일 등).

8 물자를 절약한다.

적은 비용으로 최대의 효과

9 부드럽게 거절할 수 있어야 한다.

사람보다 하나님을 두려워한다.

10 주위사람을 다 사랑한다.

관련된 사람들을 위해 기도하는 직장인. 사람과 하나님 앞에 인정받는 자

큐티나눔

 **닻 올림**

가장 좋아하는 TV 프로그램이 무엇인지 이야기해보라.

 **항해 지도**

다니엘 1:3-9

 **지도 보기**

바벨론 왕 느부갓네살은 그의 통치 원년에 유다와 예루살렘을 공격하여 공략에 성공하였다. 그들은 이스라엘의 유망하고 준수한 젊은이들을 데려갔다.

1 왕이 이 소년들의 선택에 대해 내린 지침은? (4하)

갈대아 언어와 학문 가르침

(효용성을 구비한 유대 청년들은 바벨론 왕립 학교에서 교육을 받게 되었다. 바벨론이 유능한 유대 청년들을 왕궁으로 데려 온 이유는 교육과 부양(5절)을 통해 궁극적으로 전유다의 바벨론화를 시도하려는 것이다. 여기서 '갈대아 사람'이란 말은 본래적으로 바벨론을 정복하여 갈대아 왕조를 세운 바벨론 남서쪽에 위치했던 바벨론의 지배 계층을 의미한다. '방언'이 구체적으로 어떤 언어를 가리키는가에 대해서는 당시 외교용어, 상용어에는 '아람어'를 썼다.)

그들은 갈데아 사람의 언어와 문화를 배워야했다. 또한 부양면에서 이들에게 삼년 동안 음식을 공급했다. 그들은 날마다 왕의 진미와 왕의 마시는 포도주를 공급받았다(5절).

이 소년들이 얼마나 안락한 대우를 받았는지 주목하라. 이로 인한 위험성은 무엇일까?

그 풍요와 대우에 정신이 젖어들 수 있음 (5절 주목)

(바벨론 왕은 여호와에 대한 신앙을 버리고 오직 자신의 명령에 충실한 신복을 만들기 위해 왕의 음식을 먹도록 규정하였다. 고대 사가 플라톤(Plato)은 페르시아에 있어서 궁중에 들어간 소년들은 14-17세까지 보통 3년간 교육을 받았다고 말하는 바, 바벨론 또한 동일한 관습이 시행되었으리라고 유추된다.)

2 다니엘의 결단은 무엇인가? (8)

제공되는 음식과 포도주를 거절.

('뜻을 정하여'는 다니엘과 세 친구들이 그들의 전인격을 다해 하나님께 전적인 신뢰와 순종을 결단한 것으로 볼 수 있다. 또한 본문의 내용에 비추어 이들에게 주어졌던 왕의 음식들이 율법의 음식 규례(레 11:2-8)에 어긋나는 피를 뿌려 잡은 고기이거나(신 12:23, 24), 부정한 동물의 고기(레 11:10-12) 또는 우상에게 바쳐졌던 음식(호 9:3;고전 10:27-29) 등이었던 것으로 추측할 수 있다.)

다니엘의 친구들 역시 일치해서 꼭 같은 결심을 한 것 같다(11절).

그들이 그 음식을 거절한 이유는 우상에게 희생 제물로 바쳐진 것 일까봐. 진미로 식욕에 탐닉함으로써 바벨론인의 쾌락을 사랑하게 될까봐. 예루살렘이 곤란을 겪고 자기들이 포로가 된 이때에 적합치 않음. 이러한 결단이 어려운 이유를 말해보라. 육신적 안락을 거절함에는 용기가 필요!!

3 그 후 다니엘은 그 이방 문화권에서 70년을 지내며 신앙을 지키며 재상을 지내었다. 그렇다면 그는 다음의 '문화와 교회와의 관계(리처드 니이버)'에서 어느 항목에 가까운가? 4번의 경우일 것이다.

1 **대립유형** 양자 택일의 결단을 요구
2 **일치유형** 그리스도와 문화의 일치를 말함
3 **종합유형** 양자를 동시에 종합적으로 긍정
4 **역설유형** 부패된 문화 속에서 작용하는 하나님의 은혜를 인정
5 **변혁유형** 그리스도에 의한 문화의 변혁을 주장

일반적으로 '문화'란 특정 집단(가족, 학교, 국가)이 갖는 생활양식 전반을 가리키는 것이다. 그것은 당시 사회의 흐름을 나타내는 것으로써 대중문화, 혹은 유행이라는 말로 나타나기도 한다.

1 문화의 밑바탕에 깔려 있는 것들에 대한 당신의 생각을 말해보라.

재미, 인기, 즉각적 충족감, 몰지성적 경향, 스타 지향, 물질주의….

이것들은 얼마나 우리에게 자연스러운가. 얼마나 매력적인가.

2 당신이 가장 자주 접촉하고 가장 많은 영향을 받는 매체를 순서대로 말해보라.

보기 텔레비전, 잡지, 신문, 라디오, 영화, 만화, 인터넷, 그 외(   )

세상 문화는 대개 미디어 매체로 다가온다. 각자의 입장을 말하기

당신이 가장 많이 접촉하는 미디어의 일주일 평균 접촉시간은 얼마정도 되는가?

예컨대 TV, 인터넷 등등

3 인터넷이나 TV같은 대중매체가 사단의 도구는 아니다. 그러나 그것은 사단의 도구로 악용될 수 있다. 그것들의 경향? 현대 대중 매체의 경계할 만한 악영향들이다.

1 선정성 (엡 5:3) (음행)과 온갖 더러운 것과 탐욕은 너희 중에서 그 이름조차도 부르지 말라 이는 성도에게 마땅한 바니라

(대중매체들은 결혼 관계 안에서의 건강한 성이 아닌 비정상적인 성에 대해 끊임없이 말하고 부추기고 있습니다. 그러나 우리를 향한 하나님의 기준은 분명합니다. 인터넷 음란물이나 음란 만화, 포르노 잡지, 스포츠신문, 성인영화나 비디오 같은 것에 노출되면서 정욕에 사로잡히지 않기란 불가능합니다. 나의 몸과 마음을 정결하게 지키기 위해 삼가해야 할 매체는 무엇입니까?)

2 폭력성 (잠 3:31) (포학)한 자를 부러워하지 말며 그의 어떤 행위도 따르지 말라

(대중매체들은 폭력을 미화해서 묘사하고 있습니다. 또 사이버 상에서는 언어폭력이 아무런 거리낌 없이 행해지고 있습니다. 그러나 하나님은 폭력을 미워하십니다. 폭력적이고 잔인한 것을 계속해서 보면 여러분의 잠재의식에 나쁜 영향을 미치게 됩니다. 여러분이 자주 접촉하는 미디어에는 폭력적인 것이 얼마나 있습니까? 여러분은 사이버 상에서 언어 폭력을 당하거나 행한 적이 있습니까?)

3 물질주의 (눅 12:15) 그들에게 이르시되 삼가 모든 (탐심)을 물리치라 사람의 생명이 그 소유의 넉넉한 데 있지 아니하니라 하시고

(인터넷 쇼핑몰, 홈쇼핑, TV나 잡지의 광고 등은 무엇을 가지느냐, 어디에 사느냐가 곧 그 사람을 결정한다는 사상을 계속해서 심어주고 있습니다. 허영과 탐욕을 자극하는 이같은 메시지들은 우리에게 더 많은 것을 원하게 만듭니다. 하지만 그럴수록 손에 넣을 수 없는 것이 상대적으로 늘어나기 때문에 욕구불만은 커질 수 밖에 없습니다. 성경은 행복이 소유에 있지 않다고 지적합니다.)

4 외모 지상주의 (벧전 3:3~4) 너희의 (단장)은 머리를 꾸미고 금을 차고 아름다운 옷을 입는 외모로 하지 말고 오직 마음에 숨은 사람을 온유하고 안정한 심령의 썩지 아니할 것으로 하라 이는 하나님 앞에 값진 것이니라

(청소년들은 텔레비전 스타들의 영향으로 점점 더 외모 지향적으로 되어가고 있습니다. 잘 생긴 얼굴이나 멋진 몸매는 이제 우리시대의 우상이 되어버렸습니다. 이같은 외모지상주의는 참으로 가치있는 내면을 꾸미는 일을 소홀하게 만듭니다.)

5 권위에 대한 무시 (롬 13:1~2) 각 사람은 위에 있는 (권세)들에게 복종하라 권세는 하나님으로부터 나지 않음이 없나니 모든 권세는 다 하나님께서 정하신 바라 그러므로 권세를 거스르는 자는 하나님의 명을 거스름이니 거스르는 자들은 심판을 자취하리라

(미디어에서 보여주는 기성세대(정치인, 종교인, 부모, 교사)의 모습은 어떻습니까? 청소년용 영화에 보면 십대들을 배려할 줄 아는 어른 한 명과 함께 융통성없고, 고루하고, 답답하고, 멍청한 어른 열 명 이상이 등장합니다. 여기서 보여주는 교훈은 어른은 골칫거리고 성장에 좋은 모델이 될 수 없다는 것입니다. 이같은 기성세대에 대한 부정적인 묘사는 청소년들을 기성세대에게 귀를 기울이지 않도록 만들고 있습니다.)

6 거짓된 사상 (골 2:8) 누가 철학과 헛된 (속임수)로 너희를 사로잡을까 주의하라 이것은 사람의 전통과 세상의 초등학문을 따름이요 그리스도를 따름이 아니니라

(최근 대중매체들은 심령과학이나 귀신에 대한 이야기 등을 자주 다루고 있습니다. 또한 인터넷에서는 자살이나 테러, 인종차별을 부추기는 사이트들도 있습니다. 하나님은 이스라엘 백성에게 이방의 문화와 가치관에 오염되지 말라고 계속해서 경고하고 있습니다(출 23:24 ; 신 18:9).)

4 한 조사에 따르면, 전체 인터넷 사용자의 30.7%가 중독자들인데 그 분포를 보면 20대와 30대가 29.4%, 22.8%인데 비해, 10대의 비율은 무려 46.8%나 된다고 한다.

적극적 시도— TV를 불편한 곳으로 옮기기, 컴퓨터를 공개적인 곳으로 옮기기, 시청하기에 좋은 프로그램을 결정하여 식구들이 공유. 이 외에 어떤 아이디어들이 있을까?

바람직한 방법을 쓰고 있는 지체가 있는지 들어보라.

(이처럼 생활에서 뗄래야 뗄 수 없는 관계를 가진 미디어는 중요한 두 가지 흐름에 의해 움직이고 있습니다.)

첫 번째 흐름은 흥미위주입니다

TV의 경우 수익의 97% 이상이 광고로부터 나옵니다. 광고주로부터 광고를 유치하기 위해서는 시청률이 높아야 합니다. 시청률은 실시간 평가되어 방송을 마친 PD는 즉시 시청률에 관한 정보를 접하게 됩니다. 이처럼 시청률에 종속될 수밖에 없는 방송국의 구조로서는 유익한 방송보다는 재미와 흥미 중심의 자극적인 프로그램이 많아질 수 밖에 없습니다. 시청률은 재미가 있어야 오르기 때문입니다. 이 때문에 '성격 나쁘고 공부 못하는 여자친구는 용서할 수 있어도, 얼굴 못생긴 여자친구는 용서할 수 없다'는 요즘 아이들 말처럼, 대중문화는 '반사회적이고, 반인륜적인 내용은 용서할 수 있지만 재미없으면 절대 용서할 수 없다'는 말이 철저히 적용되고 있습니다. 재미를 주는 방법은 성경적인 표현을 빌리자면, 육신의 정욕과 안목의 정욕과 이생의 자랑을 부추기는 것입니다.

또 하나 대중문화의 흐름은 포스트모더니즘입니다

포스트모더니즘은 이성과 과학을 바탕으로 진리를 찾을 수 있다고 믿었던 모더니즘적 사고방식에 반대되는 거념입니다. 곧 절대 진리는 존재하지 않으며 우리가 믿고 있는 모든 것에 대해 철저한 의문을 던져야 한다는 관점입니다. 이와 같은 포스트모더니즘의 대표적인 영향의 예는 전통적인 가치관의 붕괴입니다. 이제 대중문화는 동성간의 성, 혼전 성관계, 스와핑, 트랜스 젠더, 미혼모 문제 등 과거에는 용납되지 않았던 성을 미화하여 다루고 있습니다. 또 미디어는 왜 마약이 나쁜지, 자살이 뭐가 문제인지에 대해 의문을 던집니다. 그리고 무엇이 죄인지에 대한 성경적인 경계선을 끊임없이 도전하고 있습니다.

그러나 그리스도인에게 있어서 재미는 첫 번째 가치가 될 수 없습니다. 잔인한 살상이나 엽기적인 저속함, 그리고 외설적인 음란함이 단지 재미있다는 이유로 용서 될 수 없습니다. 또한 그리스도인은 모든 진리를 허무는 포스트모더니즘의 격랑 속에서 의로움과 사랑과 하나님에 대한 믿음의 절대 진리를 더 견고히 붙잡아야 합니다. 그렇다고 미디어를 끄게 하는 것만이 능사는 아닙니다. 미디어의 각종 부정적인 측면을 들면서 그것을 우리의 삶과 사회를 파괴하는 주범으로 몰아가는 것만으로는 문제가 해결되지 않습니다. 미디어에는 삶을 풍요롭게 하는 순기능도 만만치 않을 만큼 있기 때문입니다. 특별히 미디어가 생활의 일부이자 핵심이 되어버린 아이들에게 이를 갑자기 중단하라고 하는 것은 오랜 세월동안 형성된 생활패턴 전부를 포기하라는 협박이 됩니다.

이 같은 현실에서 제시되는 한 가지 대안이 미디어 교육입니다. 미디어 교육이란 미디어가 자신에게 미치는 영향을 제대로 이해 할 수 있고, 그것에 대해 비판적인 안목을 가지게 하는 것입니다. 또한, 미디어를 효과적으로 조정하면서 활용할 수 있으며, 때로 부정적인 메시지에 대해서는 적극적으로 대항할 수 있는 능력을 배양하는 것을 말합니다. 이것은 이미 영국, 미국, 호주 등지에서는 상당히 체계적으로 실시되고 있으며, 공교육의 일부로 흡수되고 있는 시점이라고 합니다. 하지만 아직 우리나라에서는 시청자 단체나 시민 단체 등을 중심으로 '학부모 교육'이나 '교사 교육'이 이루어지고 있는 정도의 수준에 있습니다. 우리는 정신없이 발전하는 미디어 문화 속에서 하루속히 미디어 교육이 제 자리를 잡을 수 있도록 관심과 노력을 기울여야 합니다. 특별히 경건하고 균형 잡힌 미디어교육이 교회 안에서 자리 잡을 수 있도록 기도해야겠습니다.

■ 예배에 방해가 되는 토요일 밤의 TV시청이나 인터넷 사용을 줄이기로 결단하는 시간을 갖자.

5 빈 ( ) 채우기

"그러므로 형제들아 내가 하나님의 모든 자비하심으로 너희를 권하노니 너희 몸을 하나님이 기뻐하시는 거룩한 산 제물로 드리라 이는 너희가 드릴 영적 예배니라 너희는 이 (세대)를 본받지 말고 오직 마음을 새롭게 함으로 변화를 받아 하나님의 선하시고 기뻐하시고 (온전하신) 뜻이 무엇인지 분별하도록 하라" (롬 12:1-2)

(하나님께서 맨 처음 사람인 아담과 하와에게 문화명령을 내리실 때, '복을 주셨다'(God blessed them : NIV, KJV)는 말씀이 있습니다. 인간의 범죄이후 타락한 인간에게도 하나님의 문화명령은 유효합니다. 따라서, 지금 우리가 누리고 있는 온갖 좋은 것들은 하나님의 문화명령에 따라 살았던 신실한 주의 백성들이 남기고 간 유산으로서, 우리에게 복이 되고 있습니다. 그러나, 하나님으로부터 동일한 문화명령을 받고도 하나님의 영광을 드러내는 것이 아니라, 인간의 탐욕과 죄악상을 적나라하게 드러내는 문화행위들이 있어 왔습니다.이런 것들은 현대에 와서 저급한 상업주의와 손을 잡고 왜곡된 성(性, sex)과 미화된 폭력(暴力, violence)을, 대중매체를 통하여 전달하고 있습니다. 대중문화시대를 살고 있는 그리스도인들에게 하나님께서는 본문 말씀을 통해 지혜로운 분별력을 요구하고 계십니다.)

그리스도인으로서 하나님께서 주신 문화명령을 따라 어그러진 문화를 변혁해 가는 구체적인 일을 나누어 보자.

- 나 자신이 할 수 있는 일 ■ 교회가 할 수 있는 일 ■가족이 할 수 있는 일 ■시민사회가 할 수 있는 일

prayer & homework

***기도**

***과제**
오늘의 결심을 가족들과 함께 나누고 공유하기

당신이 보는 것을 주의하시오

"내 눈을 돌이켜 허탄한 것을 보지 말게 하시고…." 시편 119 : 37

당신의 거실이 매일매일 일어나는 살인 현장입니까? 당신은 당신에게 욕을 하며 당신의 신앙을 조롱하는 손님들과 자주 접하십니까? 성범죄는 웃어넘겨 버릴 농담에 지나지 않는다고 하며, 폭행은 재미있다고 당신을 설득시키려는 사람을 만난 적이있습니까? 만일 당신이 텔레비전의 프로그램을 많이 시청하셨다면 이런 종류의 일들은 이미 당신의 집에서도 벌어진 것입니다.

이것은 새로운 뉴스가 아닙니다. 수년째 텔레비전의 도덕성은 계속 퇴락하였습니다. 그렇다고 해서 우리까지도 함께 타락해야 되는 것은 아닙니다. 우리가 양떼에 대해 아는 것 못지 않게 텔레비전에 대해 알고 있었던 시편 기자는 '내 눈을 돌이켜 허탄한 것을 보지 말게 하시고'(시편 119:37)라고 말했습니다. 이 성구는 우리가 텔레비전 위에 붙여 놓아야 할 좋은 성구입니다. 대체로 연예계는 규제에서 벗어나는 일에 심각합니다. 우리도 우리의 심령을 지키는데 그 정도로 심각해야 합니다. 이런 의미에서 다음의 지침은 도움이 될 것입니다.

- 성에 대한 농담은 피하십시오(고린도전서 6:18 ; 에베소서 5:3-4,12).
- 상스러운 말은 귀담아 듣지 마십시오(에베소서 5:4).
- 광고를 보고 탐내지 마십시오(출애굽기 20:17 ; 골로새서 3:5).
- 당신의 눈이 당신을 범죄케 하지 마십시오(마태복음 18:9).

좋은 프로그램을 보는 습관으로 하나님을 경외하십시오.
그것이 연예 프로그램이라면 당신이 무엇을 보고 있는지를 점검해 보십시오.

큐티 나눔

당신이 최근에 본 환경오염 사례들을 말해보라.

시편 19:1-6

1 본문을 낭송하고 다음 ( )를 채워보라.

'피조물들이 우리에게 알리고 있는 것은 무엇인가? (하나님)이 손으로 하신 일을 나타 냄으로써 하나님의 영광을 선포하는 것보다 더 중요한 일은 없다. 하늘과 창공은 광 대한 공간이며 운성과 고정된 별들의 영역이다. 꾸준히 그리고 일정하게 계속되는 낮 과 밤은 (하나님)의 영광을 말하고 있다. 해의 빛과 영향력은 특별히 뛰어나게 하나 님의 영광을 선포한다. 해는 그 자체가 모든 천체 중에서 가장 두드러지며 이 아래 세 상에 가장 유익한 것이다. 누구에게 하나님의 영광을 선포하고 있는가? 그것은 세상 모든 곳에 선포되고 있다.'

(시편 19:1-6은 '자연'이란 비록 인간의 귀에 들려지고 소통되는 언어를 갖고 있지 않으나, 하나님 의 영광과 능력을 알려 주는 신비한 기능을 갖고 있다고 증언한다. 그런 자연의 언어 또는 자연의 증인이란 과연 무엇을 가리키는가? 폰 라트(G. von Rad)는 이 물음에 대한 대답을 '지혜의 전승'에 서 찾는다. 즉 창조물인 자연은 창조주를 '찬양하는 지혜'를 갖고 있고 그 지혜를 '인간에게' 가르 친다는 것이고, 인간은 그 자연으로부터 가르침을 받은 그것을 인간의 언어로 표현(찬양)한다는 것 이다. 다시 말해서 창조물(자연)의 하나님 증언은 하나님에게가 아니라, 어디까지나 인간에게로 향 해진다는 것이다. 즉 인간은 자연의 증거(지혜)를 통하여 감추어져 있는 하나님의 신비한 특성을 인식하고는 놀라움에 차서 그를 찬양하게 됨과 동시에 한편으로는 그 자연의 증거를 통하여 인간 의 허약성을 인식하고 다른 한편으로는 그 자연의 증거를 통하여 인간의 존엄성(dignity/majesty) 을 인식하게 된다고 하겠다.)

2 인간과 자연은 뗄 수 없는 밀접한 관계를 맺고 있다. 사람의 본질은 무엇인가?

(창 3:19)　　흙

(창세기 1-2장에 서술된 창조에 관한 두 이야기는 주석적 관점에서 볼때 인간은 어디까지나 피
조물이요. 동시에 자연의 한 일부라는 것을 증거하고 있다. 창2:4-25에 의하면, 인간 아담은 땅
('adama)의 먼지('apar)로 (히브리원문:개역 성경은 '흙으로') 부터 만들어졌다.(창2:7). 오래 전부
터 먼지와 재의 의미는 '미천함'이다. 따라서 이것은 인간의 미천함을 표시하고 있음이 분명하며
반면 'adama는 인간과 흙 사이의 발음상, 그리고 내용상의 연관성을 표시하기 위해서, '흙으로부
터 먼지', 즉 흙먼지라는 이중적인 표현을 사용해야 했다. 고대 히브리인은 오래 전부터 인간을 피
조물인 자연의 한 부분으로 보았다. 인간은 땅으로부터 와서 땅으로 돌아가는, '땅에 속한 존재'로
서, 결코 자연과 마주 대하여 있는 존재가 아니라 어디까지나 자연의 한 일부로서 존재할 따름이
다. 인간이 땅이고 땅이 곧 인간이며 인간이 자연이고 자연이 인간이다. 그러므로 인간은 자연을
볼 때 인간을 보듯 보아야 한다는 말이 된다. 즉 인간이 병들면 자연도 병들고 자연이 병들면 인간
도 병든다. 창세기 3:17의 "땅은 너(아담)로 인하여 저주를 받고" 한것은 이러한 문맥 안에서 이해
할 수 있을 것이다.)

3 하나님이 에덴에서 인간에게 무엇을 맡기셨나?

(창세기2:15) 에덴을 경작, 지킴

(아담의 평생 업이 땅을 중심한 노동이었음을 시사한다. 여기서 노동의 원목적인 생계가 아니라 자
연과 세계를 관리하게 하신 하나님의 뜻을 받드는 것임을 알 수 있다. 그러므로 어떤 노동(직업)도 그
것이 하나님께서 자신에게 맡기신 것이란 천직 의식을 가질 때 고귀하며 의미있다. 이는 하나님께
서 인간에게 자신의 권한을 위임하시고 자신이 만든 모든 것을 관할토록 위탁하셨다는 의미를 지닌
다. 따라서 인간은 만물의 주인이 아니라 청지기로서 세상을 정복하고 문화를 꽃피움으로써 하나님
의 영광을 높이 드러낼 책임이 있다.)

오늘날 지구촌이 당면한 환경문제는 이제 더이상 어느 한 국가, 한 지역의 문제가 아니라 지구촌 전
체 생존의 문제가 되었다. 우리가 살고 있는 지구, 즉 땅과 하늘, 그리고 나무 등 우리가 호흡하고
살아가는 데 필요한 것들을 제공하는 자연이 우리가 걱정하고 있는 것 이상으로 위험한 상태에 빠
져 있음을 직감하게 한다. 세계적인 환경단체의 하나인 그린 피스(Green Peace)는 그 위험을 지적
하면서 "4시간 전에 인간이 지구상에 나타났다고 가정할 경우, 1시간 전에 산업혁명이 시작되었으며,

생물학적으로 60초 동안 현대 인간은 이 지상낙원을 쓰레기장으로 만들었다."라고 말한다. 이렇게 되기까지 우리 교회는 그동안 무엇을 해왔는가? 교회가 현재 추구하고 있는 근본적 가치는 무엇이며, 이 가치가 교회 안에 어떤 모습으로 표현되어지고 있으며, 이들 가치에 근거하고 있는 기독인의 신앙형태는 과연 어떠한 것인가 하는 의문을 갖게 된다.

인간은 자연에 대해서 철저히 '관리자'였으며 봉사하도록 부름 받았다. 그러므로 개발이라는 미명 아래 자연을 파손시키는 행위는 하나님으로부터 위임받는 일이 아니다. 자연을 하나님의 방법대로 잘 관리하라는 말이다. 자연의 아름다움과 싱싱함을 잘 보전하고 지키라는 말이다.

사람들이 지나치게 자연을 개발하고 함부로 사용하였으며 산업의 발달과 공업화로 인하여 많은 공해 물질을 배출하였으며 자연과 조화를 이루는 개발을 하지 못하고 자연의 기능을 잃게 만들었기 때문에 자연이 파괴되고 있다.

1 자연 환경 파괴의 모습들을 서로 연결해보라

흙의 오염	마구버린 쓰레기와 농약사용 등
물의 오염	자동차에서 나오는 매연, 공장의 연기 등
공기의 오염	쓰레기, 생활하수, 공장폐수 등

오염은 전체 자연계에 영향을 끼친다!

수질오염의 피해

수질오염은 여러 분야에서 해를 끼립니다. 상수도에서는 급수원이 오염되는 경우 정수장의 약품비가 증가되고 처리설비의 보완이나 변경이 필요하게 됩니다. 오염이 진행되어 물에 용존산소가 없으면, 미생물 외의 생물은 그러한 물에서 사라지고, 황화수소 등의 냄새가 나는 독가스가 발생하여 인근 주민들을 괴롭힐 수 있다. 또한 농약·중금속 등이 혼입된 물은 직접·간접으로 인체의 건강을 해치는 공해병의 원인이 되기도 합니다. 또 자연수의 오염은 인근 토지의 부동산가치와 관광가치 등을 저하시키며, 휴양 및 오락장소를 없애고, 정신건강에 역영향을 끼칩니다.

토양오염의 피해

먼저 토양 오염에 따라 제일 먼저 지하수가 오염이 되겠지요. 토양에 오염된 물질이 중력수를 따라 지하수로 흘러들어가기 때문입니다. 지하수가 오염되면 오염된 지하수에 의해서 재배되고 있는 모든 농작물이 오염된 물질에 의해서 자연 오염물질이 식물체내에 축적되어 이렇게 재배된 농작물이 인간의 밥상에 올라오면서 모든 인간이 오염물질에 감염되는 것은 자명한 일입니다. 농약에 의한 토양오염은 지하수 오염도 있겠지만 토양 속에서 살고있는 미생물을 멸종시켜 각종 유기 및 무기질을 분해할 수 없게되어 농업생산에 이용할수 없는 피해가 생겨납니다. 토양 중에 미생물이 없다면 유기물이 분해되지않아 이 지구는 바로 멸망하게 된답니다.

대기오염의 피해

대기오염 ·소음 ·진동 등은 대부분이 교통수단에 의한 공해입니다. 그 밖에 선박에 의한 해수오염, 세차장 등에서 배출되는 폐유지류로 인한 수질오염도 문제가 됩니다. 자동차 배기 가스에 포함된 대기 오염물질은 일산화탄소 ·탄화수소 ·질소산화물 ·납 등이 있으며, 일산화탄소에 의한 대기오염의 99 %는 자동차의 배기가스가 원인입니다. 광화학 스모그의 주요 원인이 되는 질소산화물 ·탄화수소 ·납 등에 의한 대기오염도 대부분이 자동차의 배기가스에서 기인합니다. 항공기에 의한 대기권 오염도 큰 문제가 되어 국제적으로 많은 논의가 계속되고 있습니다. 소음공해의 경우 항공기 소음을 첫째로 꼽을 수 있으며, 다음으로 고속도로의 차량소음, 저속운행시 엔진의 소음, 고속운행시 타이어 소음 등을 들 수 있습니다. 탄화수소는 휘발유 및 디젤 차량의 감속운행시에 가장 많이 배출되며, 질소산화물은 휘발유 ·디젤 ·LPG 등 모든 차량의 가속운행시 ·등속운행시 가장 많이 배출됩니다. 아황산가스는 디젤유에서 가장 많이 배출됩니다. 교통공해 방지대책 은 다른 공해방지와 함께 국가적으로 시급히 확립되어야 할 과제입니다.

먼저 흙이 오염되면 > 미생물 멸종 / 지하수 오염 > 농작물이 오염 > 인간의 밥상에 올라오면서 모든 (생물)이 오염물질에 감염!

2 땅에 대해 이스라엘에 내린 하나님의 명은 어떤 것이었나? (레 25:3, 4)

안식년 설정

(유대 전승에 의하면 이 안식년 규례는 가나안 입성과 동시에 지켜진 것이 아니라, 가나안 정복이 어느 정도 완성된 입성 8년째를 기준으로 하여 그로부터 매 7년마다 지켰다고 한다. 이것은 안식년의 목적이 결코 땅의 휴식을 통한 생산력의 제고라는 물질적 측면에만 있는 것이 아니라, 그러한 노동으로부터의 휴식을 통하여 하나님과의 관계 회복이라는 영적인 측면에 보다 강조점이 있음을 암시해 준다.)

땅이 생명력을 회복하도록 주기적으로 쉬게 제도화한 것이다. 이것은 얼마나 기가 막히는 법인지 모른다. 하나님이 천지만물을 창조하시고 보시기에 심히 아름답더라 했다.

그 아름다운 본래의 모습을 잘 보존하고 더 아름답게 가꾸어 나갈 책임이 우리 인간에게 있다. 그러나 지구촌은 심각한 이상 기후를 경험하며 고민하고 있다. 유럽의 폭염을 비롯, 전세계의 기후가 변하고 있다. 전문가들은 정해진 궤도를 벗어나 이동하거나 희귀한 모양을 지닌 태풍과 허리케인을 보며 지구의 환경 파괴와 연관시키고 있다. 실제로 성층권의 오존층이 파괴되고 있고 이산화탄소의 과다 분출로 지구 온난화가 빠르게 진행되고 있으며 환경호르몬이 생태계를 파괴하고 있다. 공기 뿐만 아니라 토양과 수질 오염의 정도도 심각한 수준이라고 한다. 우리가 사는 지구가 파괴되며 '망가지고' 있는 것이다.

3 지구촌의 물 부족 사태가 에이즈, 기아 문제와 함께 '21세기의 3대 재앙'이 될 것이라는 경고가 나오고 있다. 유엔은 오는 2025년 75억 인구 중 약 30억 명이 식수난에 직면할 것이라고 경고한다. 전 세계적으로 천연림이 사라지고 있다. 그 절반 이상은 1950년 이후 최근 약 50년 동안에 일어났다. 세계 곳곳에서 동식물들이 대규모로 사라지고 있다. 특히 심각한 상황에 직면하고 있는 종은 양서류와 어류, 조류이다. 과학자들은 1990년대 후반 이래 6,000종에 가까운 양서류가 멸종 위기를 맞은 것으로 추정하고 있다.

4 자연의 황폐화는 근본적으로 인간이 자연을 자신의 욕망충족을 위해 지배하고 착취한 데서 기인된다. 인간은 하나님의 소유인 세계에 선한 관리의 책임을 맡은 청지기로서 자연을 착취하고 약탈할 권한이 없다. 지구에서 추방되기 전에 일상에서 오염물질을 줄이고 절약하며 환경을 보호해야 한다. 눅16:10은 우리에게 무엇을 요구하는가?

작은 일에도 충성되자.

환경오염 해결을 위한 우리 개인의 행동들?

● 길거리에 쓰레기 버리지 말자 ● 동물, 곤충 등을 무작위로 잡지 말자 ● 대중교통 이용하기 ● 물, 전기, 종이 등의 물자 아껴쓰기 ● 재활용품 분리수거하기 ● 일회용의 사용량 줄이기 ● 합성 세제 사용량 줄이기

이외에 어떤 것들이 있을까?

우리는 하나님이 약속하신 새 하늘과 새 땅에 대한 소망을 갖고 '지금 여기서' 시작해야 한다. 교회적으로 '아나바다' 운동을 펼치는 방안에 대해 말해보자.

5 창5:1,2을 외워서 써보라

〈아담의 계보〉 이것은 아담의 계보를 적은 책이니라 하나님이 사람을 창조하실 때에 하나님의 모양대로 지으시되 남자와 여자를 창조하셨고 그들이 창조되던 날에 하나님이 그들에게 복을 주시고 그들의 이름을 사람이라 일컬으셨더라

(인류가 사는 이 지구상에서, 하나님이 만드신 생물들의 삶을 유지할 수 있도록, 창조된 세계를 원래의 모습으로 되돌리는 운동을 교회가 앞장서서 전개해야 한다.)

1) 공기를 살리기 위한 노력

공기를 맑게 하는 것은 그것이 바로 우리 자신의 삶을 맑게 하는 것이다. 맑은 공기를 위해서 나무를 가꾸고, 나무를 심을 수 있는 모든 곳에 푸르고 큰 나무들이 있게 하여야 된다. 모든 빈공간은 잔디나 잡초로 덮이게 하고 가능한 한 보리를 많이 심어야 한다. 소극적으로 공해는 정책적으로, 시민운동으로서 줄여야 한다. 그뿐 아니라 공기를 오염시킬 수 있는 모든 종류의 폐품은 어디든지 버려서는 안된다. 차를 가진 사람들은 스스로 매연을 최소화하고, 그 매연을 자신이 마시게 된다는 사실을 명심해야 한다.

2) 물을 살리는 길

물은 사람들의 방심과 실수들이 묶여져서 의외로 속히 죽어 가고 있음을 알아야 한다. 산업종사자들의 방심으로 비가 변해 산성비가 되며 일반가정의 무심한 세제들이 모아지고 모아져서 생활폐수의 하천을 이루고, 그것이 유입되는 강은 죽음의 강이 된다. 물론 공장폐수를 버리는 악덕기업인은 말할 필요도 없다. 경비가 들고 더디더라도 정화시설을 의무화하며 물을 살려야 우리의 삶이 보장될 수 있다. 물이 귀중하다는 사실을 자각하고 아껴쓰는 일은 어린 시절부터 성년에 이르도록 생활화하는 교육과 훈련이 필요하다.

3) 토양을 지키는 길

메뚜기가 없다는 말은 농약이 주는 무서운 영향중 극히 적은 부분에 불과하다. 농토에 투여되는 모

든 종류의 화학의 산물은 적어도 장기적인 안목으로는 농토의 적이다. 인간의 기술이 초현대적으로 발달한다 하여도 인간의 삶을 유지하는 '먹이'는 토양과 연관되어서만 얻어질 수 있다는 사실은 불변의 이치다. 그러므로 모든 나라가 자기 땅을 곡물이 자랄 수 있는 토양이 되도록 지키는 일은 지상 과제이며 지혜 중의 지혜이다. 이 사실을 모든 교회가 모든 방법으로 가르치고 구체화하여야 한다.

4) 쓰레기로부터 지구를 자유케

소비문화의 부산물인 쓰레기 문제는 우리 사회의 큰 짐이 되고 있다. 특히 쓰레기를 아무 데나 버리는 습관이 산하를 멍들게 하고 있다. 쓰레기가 통제되지 않는 한 생활환경이 제대로 되지 못할 것이다. 천삼백만 성도가 쓰레기 문제를 앞서 고쳐가면 얼마 되지 않아서 우리 사회가 쓰레기의 짐을 벗고, 지구가 쓰레기로부터 자유롭게 될 것이다. 이 같은 모든 노력은 하나님의 창조에 의해 존재케 된 피조물을 그리스도의 은총으로 회복시키는 사명으로 참여해야 하며 이것은 곧 생명을 사랑하는 운동이다.

쌀 한 톨에 무엇이 들어있니? 탄수화물이요. 학교에서 그렇게 배웠지? 맞는 답이다. 그러나 우리네 조상들은 이렇게 가르치셨어. "한 톨 쌀에 하늘, 땅, 사람이 있느니라" 잘 생각해 봐라. 쌀 한 톨에 하늘의 햇빛, 땅의 양분, 농부의 수고가 들어있지 않니? 하늘, 땅, 사람(天地人)을 옛날 어른들은 우주를 구성하는 세 가지 요소(三才)라고 생각했어. 그러니까 쌀 한 톨에 우주가 들어있는 거야. 자, 그러니 이제 우리는 쌀을 먹으면서 우주를 함께 먹는다고 말할 수 있겠지? 이현주

자연은 인간의 대상이 아니라 인간의 '친구'이다. 그것은 단순히 인간을 위한 '환경'이 아니라 인간이 그 곳에 포함되어 있는 '공세계'이며 인간의 '본향'이다.

***기도**

***과제**
가정에서 공해를 줄이기 위한 구체적인 시도들을 행함.

최고의 스승은 자연

장 자크 루소는 그의 저서 '에밀' 에서 우리들에게 최고의 스승은 자연이라고 갈파한 바 있다. 주인공이기도 한 에밀에게 그의 선생이 심혈을 기울여 가르치려 한 것은 사물에 대한 지식이 아니고 어떻게 하면 자연을 만날 수 있고, 이해할 수 있으며, 사랑하게 할 수 있을 것인가 하는 방법에 관한 것이었다.

루소 자신을 의미하기도 했던 선생은 선생의 바람직한 모습을, 학생들을 자연 앞으로 인도해 주는 안내자의 역할에 한정하려 했지 사물의 이치를 훤히 꿰뚫는 능력자로 비추어져서는 안된다고 여겼다. 자연의 심오한 뜻을 스스로 깨달으면서 인간으로 성숙해 간다는 그의 자연주의철학은 근대의 교육철학에 심대한 영향을 끼쳤고 교육학을 공부해야 하는 자들에게 '에밀' 은 필독서가 되었다.

그런데 우리나라 교육현장을 보면 교사들이 정말 그 책을 읽고 교단에 섰는지 의심이 갈 정도이다. 오히려 자연과 점점 멀어지도록 반 자연친화적 교육을 하고 있는 건 아닌지 모르겠다. 예를 들기에는 지면이 허용하지 않지만 사실이 그렇다면 학생들이 에밀을 읽은 교사들로부터 자연을 뺏기고 있다는 역설이 성립하는 셈이다.

교사들이야 입시위주교육 풍토에서 학생들만이 아니라 교사들도 경쟁할 수 밖에 없는 이상 어쩔 수 없는 선택이 아니냐고 항변할지도 모른다. 그러나 그들로부터 배우고 자란 우리의 2세대들이 어떤 사회를 일구어 나갈지 미루어 짐작하기에 어렵지 않다. 어떻게 하면 교사들이 학생들을 자연에 가까이 가게 하며 자신을 그를 위한 안내자 혹은 동반자적 자세를 갖게 할 수 있을까? **이공훈**

큐 티 나눔

당신은 다시 태어난다면 어느 나라에서 태어나기를 원하는가?

베드로전서 2:13-17

1 성도는 국적이 둘이다. 바울의 경우는 무엇 무엇인가? 당신의 경우는?
(행 22:28 & 빌 3:20)

로마 시민, 하늘나라 시민

대한민국, 하나님 나라

2 우리가 국가 권력에 가져야 할 기본적인 태도는 무엇인가? (13)

순종

인간의 제도들 조차도 하나님의 주권하에 있음을 암시하며(롬 6:1), 그리스도인들이 일반적 윤리 생활을 사회 제도내에서 충실하게 이행해야 함을 시사한다. 그러나 인간이 세운 제도에 무조건적으로 복종해야 하는 것은 아니다. 그것에는 '주를 위하여'라는 분명한 기준이있다. 그리스도인들의 윤리적 행위의 궁극적 목적은 주를 위한 것이 되어야 한다. 본문은 모든 권세는 하나님께서 정하신 것이기에 징계에 대한 두려움이나 인간적인 동기에 의해서 행동해서는 안 됨을 시사한다.

누구에게 순복해야 하는가? 국가를 하나님이 주신 이유는 무엇인가? (14)

왕(총독), 징벌이나 포상

위정자나 혹은 통치자의 역할은 악행하는 자를 징계하고 처벌하며 선을 행하는 자를 칭찬하고 포상하는 것이다. 방백들은 범법자를 처벌하고 선행자를 포상하라는 황제의 뜻을 수행할 책임을 갖고 있는 지방총독이나 식민지 총독들을 가리킨다. 그러기에 그들은 황제에 의해서 보냄을 받은 방백이라고 할 수도 있으나 동시에 그 모든 것이 하나님의 주권하에 있기 때문에 하나님에 의해 보냄을 받은 통치자라고도 할 수 있다.

3 왜 신앙인이 국가 권력에 순복해야 하는가?

1 (선행)**으로 악을 막기 위하여서**(15)
2 (하나님)**의 뜻이기 때문**(16)
3 (주)**를 위하여서**(13).

(그리스도인들은 생활 속에서 선행을 행하고 위정자들이나 법에 순복함으로 이방인 곧 비그리스도인들에게 책잡히지 않아야 한다. 그리스도인은 자유를 소유했다고 해서 그 자유를 오용하여 악덕을 행하는 구실을 삼거나 혹은 방종하는 구실을 삼아서는 안 된다. 도리어 그 자유를 통해서 더욱더 하나님의 명령에 순종해야 한다. 그러한 자유를 소유한 그리스도인의 삶의 자세는 자기의 이기적인 욕망에 자유를 사용하는 죄의 종으로서가 아니라 하나님의 종으로서 오직 하나님을 섬기며 하나님의 명령에 순종하는 것이다(롬 6:16-23). 따라서 그리스도인들은 앞서 언급한 방백이나 법에 대해 어쩔 수 없는 외압에 의해서가 아니라 하나님을 섬기는 자세로, 하나님의 명령에 순종하는 자세로 순복해야 한다.)

하나님은 이 지구상에 민족과 국가들을 형성케 하셨다(행 17:26-27).

1 '온 세상의 주권자이신 하나님'을 전제할 때 우리는 어떻게 말할 수 있는가?

(롬13:1)　　모든 권세가 하나님으로 부터 비롯됨

(본문은 모든 사람들이 세상의 정치 권력에 대해 굴복하는 태도를 가져야 하는 이유를 말하고 있다. 세상의 모든 권세는 다 하나님께로부터 나왔다. 따라서 하나님께 복종하는 자는 세상의 권세에 대해서도 복종해야 한다. 너무나도 단순하면서도 자명한 원리이다. 그러나 이 말은 문자적으로 받아들이고 그것을 보편화하여 시간과 공간을 초월하여 적용시키려고 하거나, 신앙인과 국가 권력과의 관계를 규정(規定)짓는 말로 확립하고자 할 때는 논란이 생길 수 있다. 만약 어떤 권세가 악을 징벌하고 선을 장려하며, 선한 양심에 반(反)하는 방식으로 그 권세를 행사하지 않는다면 아무런 문제는 없을 것이다.)

2 그렇다면 우리는 통치자를 위하여 무엇을 해야 하는가?

(딤전2:1-2) 기도

(본절의 명령은 모든 세대와 모든 지역을 초월하여 적용되는 명령이다. 하나님께서 인류의 생존을 위하여 권세자들을 두시고 그들을 주관하시기 때문에(롬 13:1) 그들이 아무리 합당치 못한 통치를 한다 하더라도 그들을 위해서 기도를 해야만 한다. 당시에 로마 제국을 지배하던 네로가 기독교를 극심하게 핍박한 사실을 염두에 둘 때 바울의 명령이 얼마나 의미가 있는가를 알 수 있다. 권세자들을 위한 기도는 나라의 안녕과 사회 질서에 중대한 영향을 미친다. 정부와 사회가 평안한 상태로 나아갈 때 그리스도인들도 자신의 안정된 신앙 생활을 영위해 나갈수 있다.)

한 나라의 통치자는 참으로 중요하다. 우리가 올바른 통치자를 뽑기 위해서는 어떻게 해야 할까?

기도와 신중한 선거 참여

당신이 생각하는 바른 통치자란 어떤 자인가?

각자의 생각을 모아보자(단 어느 정파에 연결해 생각할 필요는 없다).

3 정당한 공권력에 대해서 우리는 어떤 자세를 가져야 하는가? (출22:28)

재판장과 지도자를 존중

(재판장과 유사는 각각 종교와 정치를 담당하는 사람으로서 신정국가 하에서 이들은 하나님의 뜻에 따라 세움을 입은 사람들이므로, 이들을 욕하고 저주하는 것은 곧 하나님의 뜻을 거스리는 것이 된다. 그러므로 성경은 이와 같은 재판장과 유사들을 존중할 것을 가르친다(전 10:20;롬 13:1;벧전 2:17). 그러나 현대 사회의 통치자는 그 때와 같이 하나님으로부터 직접 세움을 입은 것이 아니므로, 그들의 통치 행위가 하나님의 법에 합당한가의 여부에 따라 그에 대한 존중 여부가 판단될 것이다.)

성도는 누구보다도 건강한 시민이요, 국민으로서 법과 질서를 존중해야 한다. 대한민국 국민의 4대 의무는 무엇인가? 그 의무를 어떻게 감당해야 할까?

국방의 의무, 교육의 의무, 근로의 의무, 납세의 의무

(성실히 기쁨으로 행하여야 할 것이다.)

4 그러나 부당한 공권력에 대하여 사도들은 어떻게 했는가? (행4:19)

너희보다 하나님을 따르겠다!

(베드로와 요한은 예수를 거스르는 불법 공회를 개최하여 심문 에 대해 반박)

바울 역시 무조건적으로 국가 권력에 복종할 것을 말하고 있지 않다(롬13:4-5). 이 세상을 악으로 치닫게 하는 사탄의 조정을 받는 권세에 대하여서는 순종할 수 없다. 권력이란 위임된 것이고 한계가 있다.

(이스라엘의 최고 법정 산헤드린의 위협에 굴하지 않고 공회의 결정을 정면으로 거부하는 사도들의 단호한 태도는 실로 대담한 도전이다. 이런 태도를 취할 수 있었던 용기가 생긴 근거를 살펴보면, (1) 그리스도를 믿는 믿음으로부터 나온 것이었다. (2) '하나님 앞에서'라는 사도들의 선언에서 볼 수 있듯이 항상 하나님의 임재, 즉 하나님의 면전에 서 있다는 신전 의식에서 나온것이었다.)

우리 성도들이 적극적으로 나라를 위해 할 수 있는 일은 무엇이 있을까?

애국의 방법을 생각해보자

5 우리가 한 나라의 국민으로서 애국심을 갖는 것은 합당하다. 그러나 이것이 지나쳐서 '민족주의'로 나가면 어떤 문제가 생길 수 있을까?

애국심과 민족주의 배타성을 지목한 것임.

(다른 민족을 멸시하거나 제삼세계의 노동자들을 박대하는 문제등.)

● 우리 사회야말로 심각하게 닫힌 가족·인종·민족의식에 찌들어 있는 것은 아닌지 되돌아보아야 한다. 자기 가족의 문제를 위해서는 마다할 게 없는 사람들이, 함께 사는 사회를 위해서는 남의 집 불구경하듯 무관심한 것이 우리의 솔직한 현실이다. '배달민족'으로서의 '과잉 정체성'이 외국인 노동자에 대한 배타적 태도로 나타나고, 생존의 수단이기도 하였던 닫힌 가족주의, 닫힌 인종주의, 닫힌 민족주의는 한국인의 배타성을 강화하는 자양분이 되었다. 한국의 기업들이 저임금과 열악한 근무 환경, 비인간적 처우로 제3 세계 노동자들을 수탈해도 우리의 사회적 양심은 자각하지 못하고 있다. 식민지 지배에 대한 일본의 망언과 수사학적(修辭學的)인 사과에 대해서 분노하면서도, 한국의 베트남 참전에 대해서는 아무런 말이 없다. 이것들이 우리들의 닫힌 가족주의·인종주의·민족주의의 현주소이다. 우리의 닫힌 의식은 나와 가족을 넘어서는 사회적 공생(共生)의 원리, 또한 국민 국가를 넘어서는 전 지구적 공생의 원리로 나아가지 못하고 있다. 새로운 윤리를 요구하는 지구촌 사회에 우리가 '전위적 전형'을 창출하는 대열에 합류하기 위해서도, 외세에 의한 숱한 시련과 피억압 민족

으로서의 역사적 경험, 분단과 냉전적 증오로 찌든 정서에서 벗어나야 한다.

〈조희연, '가족, 인종, 민족은 못 넘을 벽인가' 中에서, 독서 교과서(천재교육)〉

6 우리나라는 5,000년 역사와 전통에도 무지와 미신을 벗어나지는 못했다. 기독교 복음이 이 땅에 들어온 약 1세기 남짓 즈음부터 새로운 역사를 쓰기 시작했다. 그 후 일본의 36년간의 침탈, 민족 간의 6.25 비극을 거쳤음에도 세계사에 유례없는 경제 도약을 이루어냈다. 역대 대통령의 장기 집권과 정치적인 혼란, 이념간의 대립이 있었으나 전체적으로는 발전하는 나라가 되었다.

이제 계속 한국 교회들이 힘써야 할 일은?

(시33:12)　　하나님을 우리 민족의 하나님 되게

(마5:16)　　세상 앞에서 먼저 믿은 이들이 빛되기

7 평양에 있는 봉수교회, 칠골교회 등은 외부 선전용이며, 종교의 자유란 헌법에만 보장된 단어일 뿐, 실제 북한 주민들은 이러한 시설물이 있는지, 심지어 '종교'라는 말조차 모르고 살아가고 있다. 지속적인 핍박으로 지하교회라는 은밀한 모임등이 존재할 뿐이다.

지구상 유일한 분단국가로써 우리가 다니엘을 통해 본받을 것은?
(단 6:10, 9:3 10:2,3)
북한에 관한 아픔을 나누는 장, 매일 끊임없이 기도, 금식하며 간구, 금식과 절제

평화 통일과 그 이후를 위한 교회의 역할은 무엇이 있을까?
식량지원, 복음 전파….
(무신론을 지향하는 유물론의 공산주의 체제에 대한 경각심 필요. 단 그들에 억압된 우리 민족 동포들에 대한 아픔이 있어야 함.)

● 북한 지하교회 성도들의 모습

1 믿음을 지키다 정치범 수용소로 끌려간 성도

북한은 『종교는 인민의 아편』이라는 김일성 교시에 따라 건국 이래 꾸준히 종교 탄압을 하여 왔다.

특히 1962년 인민보안성(예전 사회 안전성)에서 행한 연설에서 김일성은 다음과 같이 말한 바 있

다. 우리는 그러한 종교인들을 함께 데리고 공산주의 사회로 갈 수가 없습니다. 그래서 우리는 기독교, 천주교에서 집사 이상의 간부들을 모두 재판해서 처단해 버렸고 그 밖의 일부 종교인들 중에서도 악질들은 모두 재판 하였습니다. 그리고 일반 종교인들은 본인이 개심하면 일을 시키고 개심하지 않으면 수용소에 가두었습니다.

개심(배교)하지 않아 수용소에 수감된 성도들에 대하여 정치범수용소 출신 탈북자 강철환은 다음과 같이 증언한 바 있다.『북에 남아 있는 종교인들 중에 노출된 종교인들은 처형되는 한편 모두 수용소에 끌려갔다. 내가 있던 함경남도 요덕 정치범수용소에도 몇 명의 기독교인들이 있었다. 그들은 "미친 사람"으로 불리는 모욕과 다른 정치범들 보다 더 혹독한 강제노동을 받아야 했다. 기독교인으로 낙인 찍혀서 수용소에 끌려오면 다시 살아 나갈 수 없는데도 그들은 신앙을 버리지 않는다. 보이지 않는 하나님을 단 한번만 부인해도 집으로 돌아갈 수 있음에도 불구하고 왜 자신들을 끔찍한 수용소 생활에 맡기는지 이해할 수 없었다. 하지만 한국에 와서 기독교인이 된 후로 그들을 완전히 이해할 수 있었다.』

또한 정치범 수용소 경비대원 출신 탈북자 안 명철은 다음과 같이 밝혔다.『정치범수용소라는 곳은 종교의 흔적을 모조리 지워 버리는 곳이다. 신앙을 가지고 있었던 많은 수감자들 중에 저는 제 22호 집단수용소의 38노동 분대의 한 노파를 잊을 수가 없다. 예수를 믿는다는 이유로 끌려와서 다른 수감자 보다 더 혹독한 대우를 받았다. 70대의 고령 이었던 그 노파는 독실한 기독교신자로서 작업 중이나 잠자리에 들어서나 열심히 기도하였다. 이러한 행동은 정치보위부원들의 눈총을 샀다. 하루는 어린아이가 노역에 동원되어 옥수수를 차에 제대로 싣지 못했다는 이유로 보위부 요원에게 매를 몹시 맞고 있는 것을 본 그는 나직히 기도했다.

"저들이 하는 행위를 알지 못하나니 용서하소서." 곧바로 요원들은 군화발로 그 노파를 짓 밟으며 "이 미친년이 아직도 정신을 못 차렸나" 하고 소리 질렀다. 무지하게 맞은 노파는 그 날부터 여러 날 누워 있어야 했다.김일성 부자가 북한의 유일한 신이기 때문에 진정한 하나님을 믿는 것은 용서할 수 없는 이단일 뿐만 아니라 미친 것으로 간주된다. 또 모든 종교는 아편과 같다고 하였다.』 이외에도 정치범수용소 출신 탈북자 안 혁은 몰래 복음을 전파 하다 체포되어 황해도 사리원에서 수용소로 끌려 온 목사의 딸에 대하여 말했다.

요덕 수용소에 수감됐다 풀려난 서 병림에 의하면 『하나님을 믿지 않겠다고 하면 다시 사회로 나갈 수 있었는데 끝내 신앙을 지킨 할머니와 아들, 그리고 서른 안팎 된 며느리와 인민학교를 갓 졸

업할 만한 아들, 일곱 살쯤 돼 보이는 작은아들과 다섯 살로 보이는 막내딸이 완전통제구역으로 들어갔다.』고 한다.

2 우리의 기도

여호와는 천지와 바다와 그 중의 만물을 지으시며 영원히 진실함을 지키시며 압박당하는 자를 위하여 공의로 판단하시며 주린 자에게 식물을 주시는 자시로다 여호와께서 갇힌 자를 해방하시며 (시 146:6~7)

첫째, 갇힌 자를 해방하시며, 압박당하는 자를 위하여 공의로 판단하시는 여호와 하나님, 기독교를 접했다는 이유로 수용소에 수감 되어지는 성도들이 의를 위하여 핍박받는 자, 바알 우상과 싸웠던 엘리야, 사회정의를 위해 싸운 아모스, 사자 굴에 들어간 다니엘과 같이 그리스도인이 궁극적으로 이루어야 할 영적 전쟁에서 승리하도록 지켜 주옵소서.

둘째, 수용소의 성도들이 악한 세력의 포로가 되어 살아가는 것이 아니라 오직 하나님만을 의지하고, 성령의 도우심을 간절히 구하는 강한 용사로 살아가게 하소서.

셋째, 수용소에서 고통과 억압, 환난, 핍박 가운데 살았다 하는 이름은 가졌으나 실상은 죽은 자로 살아가는 것이 아니라 때를 따라 돕는 은혜를 얻기 위하여 은혜의 보좌 앞에 담대히 나아가는 성도가 되게 하여 주시옵소서.

넷째, 죽음의 땅 수용소에서 성도들이 사망이나 기쁨이나 고통이나 천사들이나 그 어떤 피조물이라도 끊을 수 없는 그리스도의 사랑을 가지고 늘 주어진 상황과 환경을 제압하며 살아가는 삶이 지속되도록 보호하여주시옵소서.

다섯째, 힘겹고 고달픈 수용소에서 하나님께 기도하며 공급 받는 은혜를 통하여 마주하는 역경을, 메마른 삶을 믿음으로, 신앙으로 극복하는 성도가 되게 하여주시옵소서.

출처:모퉁이돌 선교회

우리에게 한 가지 질문은 여전히 남아있다. 나라와 나라들은 전쟁을 그칠 것인가? 세상은 정말 완전한 평화를 누릴 수 있는 것일까? 구약의 두 선지자는 인간의 역사에서는 없었던 무장해제가 장차 있을 것을 예언했다(사 2:1-4; 미 4:1-5). 그리고 요한계시록 20장에서는 예수 그리스도가 다시 오셔서 정의로 통치하실 때 사탄이 결박될 것이며 세상을 다시는 속이지 못할 것이라고 선언하고 있다. 영원한 그 나라를 향해 역사는 진행하고 있다.

prayer & homework

***기도**

***과제**

매일 1회 이상 나라와 민족을 위해 집중기도

없어져야 할 국민성 7가지

1 부화뇌동 판단력을 상실하고 심리적 공황상태에 빠져 무조건 남들을 따라가는 것. 재고가 바닥날 것도 아닌데 라면 밀가루등을 사재기하는 것이 대표적인 예.

2 획일주의 다같이 먹고 다같이 쓰자는 주장. 좋은 옷 입는다고 무조건 과소비로 몰아붙이며 붕어빵사회를 강요하면 우리의 경쟁력은 떨어질 뿐.

3 시간지연 언젠가는 좋아지겠지, 세월이 약이다고 생각해 겨울잠을 자는 곰처럼 웅크리고 있으면 아무 것도 좋아지지 않는다.

4 복고주의 ○○○ 대통령 시절이 좋았다거나 한국인은 다소 강압적인 통제방식이 효과적이라는 식의 얘기는 시대에 역행하는 발상.

5 자포자기 지나친 낙담과 비관은 금물. 스스로 포기하는 자는 하나님도 구제할 길이 없다. 기업이나 개인이나 희망을 잃지 말아야 한다.

6 국수주의 우리가 위기를 맞은 것은 정보화 세계화라는 인류문명의 대변혁에 보다 적극적으로 대처하지 못했기 때문. 지나친 애국심과 민족주의는 사태를 악화시킬 뿐.

7 한탕주의 사회 불안정을 역이용해 매점매석 환투기 도박성사업을 벌이거나 한탕주의 범죄에 빠지는 것은 파멸의 지름길.

<u>큐</u>티나눔

친척이나 친지 중에 선교지에 나간이가 있다면 소개해보라

사도행전 13:1-3

초대 안디옥 교회는 이방 땅에 세워진 첫 이방인 중심의 교회였다. 이 교회는 후대에 선교적 교회의 모델로 대두되곤 한다.

1 1절에서 '계급적, 인종적 편견' 을 극복한 교회의 모습을 볼수 있는가?

교회의 지도자들의 각 출신성분이 다름

바나바 → 예루살렘교회에서 온 섬 출신의 유대인

시므온 → 시므온은 아프리카 출신으로 볼 수 있다.

루기오 → 구레네 섬 사람

헤롯의 젖동생 마나엔 → 헤롯 가문과 마나엔이 서로 매우 친밀한 사이였다.

사울 → 열심파 바리새인

2 또한 2절에서 '살아있는 영성' 이 있었던 교회의 모습은 무엇인가?

공동체적으로 성령의 음성을 들을 수 있었음

(성령의 지시가 기도하는 무리들에게 임하였는데 성령의 음성을 들은 사람들은 앞절에서 언급한 바나바 외에 4명이다.)

아울러 '주의 말씀에 순종' 하고자 한 모습은?

바나바와 사울을 따로 세움

(성령의 지시는 바나바와 사울을 이방선교를 위한 사역자들로 구별시키는 것이었다. 이렇게 함으로써 안디옥 교회는 이방 선교를 위한 중심지가 되며 성령의 지시로 인해 사울은 사도로서 그 권위를 인정받게 된다.)

3 3절에서 '복음을 위해 희생' 한 교회의 흔적을 보는가?

교회의 중심 지도자를 복음을 위해 내보냄

(바나바와 사울에게 안수(按手)를 베풀고 선교사로 파송한 주체가 누구인지 본절에 언급되어 있지 않다. 아마 1절에 언급된 시므온과 루기오 그리고 마나엔 이 세 사람이 그들에게 안수했을 것이다. 그 세 사람이 그들에게 안수했다고 해서 안수받은 두사람보다 직책상 높은 위치에 있었다고는 말할 수 없다. 다만 그들은 성령의 지시로 두 사람을 안디옥 교회의 대표자로 혹은 사도로 인정하는 의식을 집행했을 따름일 것이다.)

선교는 개인을 향한 부르심이기 이전에 교회를 향한 공동체적 부르심이다. 하나님의 뜻과 계획은 하나님의 나라를 건설하는 것이다. 이것은 인류를 죄로부터 건지시는 구원 행위를 통하여 가능하다. 죄로부터 구원을 얻는 것은 분명히 개개인들이지만, 그들이 하나님의 자녀가 되면서 그들은 바로 하나님 나라의 백성으로 존재하기 시작한다. 그들 하나님 나라의 백성들의 존재 양식이 바로 '교회'이다. 구약 시대의 예를 들자면, 하나님은 아브라함을 불러내셨지만, 사실 그를 통하여 하나님께서 이루어내신 것은 하나님의 백성 이스라엘이었고, 이 이스라엘을 통하여 하나님은 다른 모든 족속들이 하나님을 알 수 있도록 특별한 직분을 허락하셨다. 구약의 역사는 이스라엘을 통하여 하나님께서 어떻게 다른 백성들 모든 열방들 가운데서 존귀함을 받으시는가에 관한 이야기이다. 물론 이스라엘은 전체적으로 볼 때에 실패했다. 그러나 하나님의 계획은 실패하지 않았다. 예수 그리스도, 약속된 아브라함의 후손을 통하여 땅의 모든 족속을 복주시겠다는 복음의 후반부에 속하는 약속이 이루어지도록 일하신 것이다. 예수님은 교회를 세우셨다. 당신 자신의 몸으로 표상되는 교회를 통하여 당신의 뜻을 이루시겠다고 하셨다. 명령을 주셨다. 마태복음 28장 18~20절을 통하여 아브라함 언약을 갱신하셨다. 이것은 특정 개인들, 선교사들을 부르신 부름심이라기보다는 교회 전체를 향한 부르심으로 이해해야 마땅하다. "복음과 선교", "교회와 선교"는 서로 나누일 수 없다. 우리가 세계 복음화를 효과적으로 신속히 수행하기 위해서는 이 딜레마를 해결해야 한다.

예루살렘 성전이 세워진 의미는 단지 이스라엘만을 위함으로 좁혀지지 않는다.

1 왕상 8:41–43을 음미해보라.

'이 집'은 이사야가 예언했고, 예수님이 친히 인용하여 말씀하신 바와 같이, '만민을 위하여 기도하는 집' 이라 불리워질 것이었다(사 56:7; 막11:17). 이스라엘의 지정학적 위치와 선교를 연계해보라.

성전의 대상에는 이방인도 포함

(유럽 아시아 아프리카의 길목에 위치)

하나님은 이스라엘을 잘 보이는 산꼭대기에 올려놓으신 것이다.

2 예수님, 이방의 빛

오래 전 이사야는 메시야가 이방의 빛으로써 공의를 열방에게 가지고 가리라고 예언한 바 있다(사42:6; 49:6). 이것은 정확히 예수 그리스도 안에서 성취되었다. 예수님이 공생애를 통하여 보여주신 것은 하나님의 나라를 세우시는 것이었다. 예수님께서 이방인들과의 관계에서 보여주신 사건들은 모두 다 이런 교훈을 담고 있다(마8:5-13; 마15:21-28; 눅9:51-55; 요12:32).

예수님의 가르침의 절정은 무엇인가? (마28:19-20)

모든 족속에게 복음을 전해 제자삼으라

(더이상 유대인과 이방인의 차별(差別)이 존재하지 않음을 뜻한다. `제자를 만들라'는 강한 명령은 가르치고 훈련시키라는 의미이다. 이 제자직에 대한 응답은 세례를 받고 가르침을 받는 일이다.)

이는 예수님의 유언이고 '대위임령(the great commission)' 또는 '지상명령(至上命令)' 이라고 불리운다. 세상 끝 날까지 교회에게 주어진 사명은 바로 '모든 족속으로 제자를 삼는 일' 곧 선교요, 세계복음화인 것이다.

3 요나서의 메시지는 무엇일까? 선교의 장애물이 부름받은 선지자였듯이, 오늘의 선교의 장대물이 바로 교회(성도들)일수 있다고 지목한다. 선교에 마음이 없는 교회, 잃어버린 세상을 향한 아버지의 마음을 공유하지 못하는 교회,

자신의 편의에만 관심을 두고 하룻밤에 났다가 시든 박넝쿨 같은 것에 온통 정신이 팔려있는 교회, 바로 그런 교회가 선교의 장애물인 것이다. 구약의 역사에서 보

는 가장 큰 비극은 하나님의 관심과 그 백성의 관심이 전혀 달랐다는 사실에서 기
인한다.

- 구약의 선교사 요나를 생각해본다.
- 여호와의 마음을 묵상하라.
- 욘4:10 여호와께서 이르시되 네가 수고도 아니하였고 재배도 아니하였고 하룻밤에 났다가 하룻
밤에 말라 버린 이 박넝쿨을 아꼈거든.
- 욘4:11 하물며 이 큰 성읍 니느웨에는 좌우를 분변하지 못하는 자가 십이만여 명이요 가축도 많
이 있나니 내가 어찌 아끼지 아니하겠느냐 하시니라.

4 교회가 할 수 있는 선교 사역들

선교사 바울의 부탁은 무엇이었는가? (엡6:19)
나를 위해 기도하라

(바울은 본절에서 에베소 교인들에게 자신을 위하여 기도해 줄 것을 부탁한다. 에베소 교인들에게 부
탁한 바울의 기도 제목은 복음의 비밀을 담대히 전할 수 있도록 하는 것이다.)

- 당신이 중보 기도하는 선교사는 누구인가?

빌립보 교회가 한 일은 ? (빌4:15-16)
바울 사역의 물질적 후원을 함

(바울이 빌립보 교회에서 받은 도움에 대하여 감사하고 있다는 것과 더불어 그가 빌립보 교회에서
받은 물질보다 그들에 대한 관심이 훨씬 크다는 것을 함축하고 있다. 한편 '복음의 시초'란 본 서신
을 기록할때부터 약 10년 전(행 16장) 빌립보에서 복음 사역의 일을 마친 후 마게도냐를 떠날 때를
가리킨다(살후 2:13). 여러 교회가 바울의 복음 사역을 도왔으나 처음에는 다른 교회가 참여하지 않
았으므로 빌립보 교회만 언급하고 있는 것이다. 바울이 이러한 용어를 사용한 것은 교회가 복음 사
역자들의 선교 비용을 충당(充當)하는 것이 마땅한 일임을 나타낸다(고전 9:11). 바울은 데살로니가
에서 복음 사역을 할 때는 데살로니가 교인들에게 누를 끼치지 않기 위해서 손수 노동을 하였다(살
전 2:9;살후 3:7,8). 그러나 빌립보 교인들은 바울의 물질적 필요를 공급하기 위하여 여러번 그에
게 쓸 것을 보냈다.)

- 우리가 구체적으로 할수 있는 일은?

그 외의 제언들

(빌 2:19)	사람을 파송함
(갈 6:11)	서신을 보냄
(롬 16:3,4)	목숨을 내놓기 까지 도움

(그들이 핍박의 손길에서 바울의 생명을 구하고자 극단적인 위험을 겪었음을 나타내는 상징적인 표현이다. 아마도 이 사건은 에베소에서 데메드리오와 유대인들이 폭동(暴動)을 일으켜 바울의 목숨을 해하려고 할 때 바울의 생명을 구하려고 온갖 극단적인 위험을 무릅쓴 것을 염두에 두고 말한 것일지도 모른다(행 19:28-31;고전 16:8, 9, 19). 그러나 확실한 것은 브리스가와 아굴라 부부가 바울이 고난 가운데 있을 때 그와 함께 일사 각오로 생사 고락을 함께 하였다는 점이다. 이처럼 브리스가와 아굴라가 자신의 복음 사역을 돕기 위하여 목숨을 아까워하지 않고 자신과 함께 한 것에 대하여 바울은 깊은 감사를 느끼고 있었음을 보여준다. 아울러 복음 사역을 위하여 희생적으로 사역자들을 도운 그리스도인 부부의 아름다운 모범을 보여주고 있다.)

한국 땅에 공식적인 선교사가 온 것이 1885년 4월 5일(언더우드, 아펜젤러)이었다. 이제 21세기를 맞으며 한국교회는 2009년도 168개국에 19,413여명의선교사를 파송하고 있다. 우리의 교회가 어떻게 더 효율적으로 선교에 참여 할 수 있을까?
미래의 우리 교회의 비전을 긍정적으로 모아보는 시간!

같은 맥락으로 국내 선교도 생각할 수 있다. 국내 선교가 더 구체적이며 수월할 수 있는 이유는 무엇인가?
국내 선교 → 전도, 미자립 교회, 농어촌 교회 돕기 등… 공간적으로 가깝기에 밀착 지원이 가능.

5 사45:22을 자신의 말로 써보라.
온 세상 모든 사람들아 돌이켜 내게로 와서 구원을 받아라. 나는 하나님이다. 다른 신은 없다.

왜 선교해야 하는가?
'왜 선교해야 하는가'라는 질문은 예수를 믿는 사람들이라면 한번쯤은 심각하게 던져 보아야 한다. 왜냐하면 이 질문을 던지고 여기에 대한 바른 답을 찾을 때 선교에 대한 바른 인식을 가질 수 있기 때문이요, 또한 하나님께서 원하시는 바른 선교를 할 수 있기 때문이다. 교회 설립 40주년을 영원한 과거로 보내며서 새로운 시대를 맞이하는 우리 교회는 모든 성도들이 각자의 중심에 이런 질문을 던지면서 세계 선교에 앞장서는 교회가 되기를 바라는 심정으로 우리가 선교해야만 하는 이유를 몇가지로 제시하려고 한다.

1 긴박성 때문이다

하나님은 신실하신 분이다. 신실하신 그 분이 약속하시기를 예수님의 재림은 이루어질 것이라 하셨다. 그러므로 이 예언은 반드시 성취될 것이다. 그런데 이 시간은 날마다 다가오고 있다. 재림이 다가올수록 우리가 해야 할 일은 복음을 전하는 일이다. 내 교회 우선 하다가 만방에 복음을 전하는 일을 뒤로 미루다가 예수님 오시면 그 사명을 감당하지 못한 것에 대한 책임을 어떻게 답변할 것인가? 예수님 오시면 아무 소용이 없다. 선교는 후에 할 일이 아니라 지금 할 일이다.

2 주님의 지상 명령이기 때문이다

그리스도의 명령인 것은 행 1:8, 마 28:18-20에 기록되어 있다. 이 말은 창 12:3, 사 49:6의 말씀과 연결되어진다. 선교 명령은 주님의 유언으로 주어진 것이다. 그러므로 선택의 여지가 없이 반드시 행해져야 할 의무다. 그러나 이 명령은 의무로서만 아니라 사랑으로 해야 한다. 이것은 그리스도에 대한 사랑에서 비롯된다. 억지로 하는 것이 아니라 자원함으로 해야 한다. 거저 받았으니 거저 주어야 한다. 인구는 급속도로 증가하고 있는데 영접하는 자는 그렇지 못하다. 그러므로 이 시대를 구원할 사명을 감당하기 위해서는 선교가 필요한 것이다. 이 명령은 교회의 사명이요 성령께서 요구하는 사명이다. 전하는 자가 없이 어찌 듣겠으며 듣지 않고서야 어찌 믿을 수 있겠는가?

3 교회와 선교의 관계 때문이다

선교는 교회의 본질이다. 방주로써의 역할을 다하기 위해서는 선교를 책임져야 한다. 교회는 에클레시아라고 하는데 이 말은 불러낸다는 뜻이다. 불러낸다는 것은 곧 선교한다는 말이다. 그러므로 선교와 교회는 일치되어 있다. 선교는 교회의 사역이고, 교회는 선교적인 교회다. 기독교가 처음부터 선교적인 공동체가 아니었다면 교회는 이미 끝이 났을 것이다. 초대 교회도 선교하는 교회였다. 하나님은 우리를 구원하시기 위해서 예수님을 보내주셨고 예수님은 또 다른 사람을 구원하시기 위해서 우리를 보냈셨다. 우리를 통해서 일하신다는 것이 중요하다. 희어져 추수하게 된 곳에 우리를 보내신다. 우리를 사용하지 않고서는 선교를 하지 않으신다. 우리의 사역을 통해서 하나님의 선교는 이루어진다.

『교회의 선교적 본질』을 저술한 요하네스 블라우는 "세상에 보내심을 받지 않은 교회는 교회가 아니며, 그리스도가 주되신 교회의 선교가 아니면 선교가 아니다."라고 했다. 존 스타트는 "교회는 선교적이며, 동시에 종말론적이라는 관점으로 보지 않고는 이해할 수 없다"고 하였다. 우리는 선교가 교회의 선택 과목이 아니라, 본질적이고도 중요한 필수적 사명임을 알 수 있다.

prayer & homework

*기도

----

*과제

시편 67편 선교사의 시편(missionary psalm)을 잘 보이는 곳에 붙여놓자.

한 선교사를 선정하여 격려 편지를 쓴다.

선교사 8계명

1 계명

선교의 최대 방해자가 너 자신이나 너의 가정이 되어지지 말지니라.

2 계명

너는 오직 하나님과 직거래하되 후원교회 교인들과 직거래를 하지 말지니라. 나 여호와는 나의 교회에 세운 일곱별을 붙잡고 일곱 금 촛대 사이를 다니나니 너희는 선교 후원교회의 담임목사와 친근히 할지니라.

3 계명

너는 선교지를 우상화 하지 말며 선교지 사람들에 대한 부정적인 관점을 네 마음에 있게 말지니라.

4 계명

 주일을 거룩히 지킬지니라.

5 계명

선배 선교사를 공경하라 그리하면 너의 하나님 나 여호와가 네게 준 선교지에서 네 생명이 길리라.

6 계명

어떤 경우라도 현지인을 미워하는 살인죄를 짓지 말지니라.

7 계명

선교지의 죄악적인 문화 풍습을 용납하는 영적 간음하지 말지니라.

8 계명

선교사들이여 십의 일조를 때어 먹는 도적질하지 말지니라. 그리고 선교비 명목으로 선교비(생활비)를 너무 많이 받는 도적질도 하지 말지니라.

큐티나눔

생각! '종교다원주의' 시대에도 선교는 필요할까?

창세기 39:1-5

일찍이 여호와 하나님을 섬기는 소년 요셉은 낯설은 아프리카의 이집트에 던져졌다.

1 '평신도 선교사' 요셉이 도착한 곳과 처한 환경은? (1)

애굽(고대 이집트). 친위대장 보디발의 노예

(이 시기는 애굽의 중왕국(B.C.2000-18000) 말기, 즉 12왕조 시대인 B.C.1898년 경으로 추정된다. 그리고 22년 후 야곱이 애굽으로 옮겨간 때도 이 왕조에 해당되는 B.C. 1876년경으로 추측된다.)

요셉의 형통한 초자연적인 삶의 원인은? (2)

낯선 땅의 어린 선교사이다.

2 요셉의 주인은 요셉이 하나님과 함께함을 어떻게 볼 수 있었을까? (3)

그런 상황 속에서도 그를 '형통'한 자라 표기, 그 이유? 여호와께서 함께 하심

(애굽에서의 요셉의 성공은 족장들에게 약속된 하나님의 언약(15:13-16;26:4;28:14)이 하나님의 특별한 섭리로 성취된 것을 의미한다. 형통한 자란 '번영의 사람'이란 의미이다. 이것은 요셉이 하는 일마다 눈에 띄도록 현저하게 나아지는 현상을 말한다. 이러한 현상은 그 주위 사람들에게 분명히 요셉과 함께 하는 어떤 신적 축복과 가호가 있다는 사실을 충분히 감지케 했다.)

보디발의 집이 축복을 받은 이유는?

(창39:5)   요셉을 위해 그 집에 복이 내림

(마치 야곱으로 인해 라반의 집이 축복받은 것과 같다(30:27). 이것은 일찍이 아브

라함과 체결한 언약에(12:3) 근거한 축복으로서, 은혜받은 자의 영적 영향력은 그
가 몸담고 있는 현실의 모든 부분과 모든 사람에게 미친다는 사실을 잘 보여 주
고 있다.)

3 주인의 요셉에 대한 신뢰는 어느 정도였는가? (6)
모든 재산을 다 관리케 함

(특별히 식사 문제를 간섭한 이유는 의식상 애굽인과 히브리인간의 식사 규정이 달랐기 때문이다.
보디발이 요셉을 신임하여 자신이 먹는 것을 제외하고는 다른 어떤 것에도 관심을 두지 않았을 만큼
요셉을 전적으로 신임하였다는 뜻이다.)

여기서 발견하는 선교사의 마땅히 갖춰야 할 자격은?
현지인들의 신뢰

이 위대한 '선교사 요셉' 과 상관없는 설명은? 2, 5 번
(외에도 뭔가 다른 좋은 점이 있는 살펴보자.)

1 작은 일에도 성실
2 이방인들과는 단절함
3 현지인 윗사람에게도 신뢰받음
4 자기의 머무는 자리에 궁극적으로 축복이 됨
5 권세를 남발함

선교사라는 말은 단지 타문화권에 파송된 목사 선교사만을 의미하지 않는다. 모든
그리스도인은 이미 평신도 선교사이며 처해진 현장이 다 선교지이다.

1 요17:8은 누가 누구에게 주신 말씀인가?
아버지 → 나 → 그들(제자들)

(제자들은 동시대의 사람들과 마찬가지로 의심을 품고서 말씀을 받았다. 그리고 그들은 예수께 대한

이해와 지식으로 성장해 갔으며 그 앎(16:30)으로부터 믿음이 생겨났다. 본절에서 강조하는 바는 말씀을 받음으로 그들은 믿음을 가지게 되었다는 것이다.)

또 이어지는 20절에 의하면 또한 '그들'은 누구인가?

장차 나를 믿는 사람들

(제자들이 거룩하게 되는 것은 원문상 진리 '안에서'(19절) 이루어지는 것이라고 말하고 있는 반면 성도들의 믿음은 제자들의 말을 '통하여' 이루어질 것이라고 말하고 있다. 제자들의 믿음이 예수께서 하나님께로부터 보내심을 받은 것에서 기인하듯이 그들의 보내심을 받음(18절)을 통하여 믿음을 가진 새로운 신자들이 생겨날 것이다. '믿는 사람들'은 '믿게 될 자들'로 번역하는 것이 더 분명한 뜻을 나타낸다.)

성령을 받고 그리스도의 증인이 될 사람(행1:8)은 사도들만이 아니라, '너희' 모든 사람(행2:38,39)이었다.

2 다음 (   )에 맞는 글을 쓰라.

선교학자들은 21세기는 '위대한 평신도'의 시대가 될것이라 예언하였다. 오늘날 전 세계 국가들의 절반 이상을 차지하는 북위 10/40 창문 지역에 위치한 (미전도)종족들의 경우 80~90% 지역에서 목사나 선교사타이틀을 가진 이들의 입국을 환영하지 않다. 대신 (전문)인들에게는 제한 없이 문을 열고 있다.

이미 교회가 개척된 지역에서는 팀선교로써의 전문인 선교사들이 숫자가 더 필요하다. 왜냐하면 개척 이후에는 다양한 사역형태들이 필요하고 여기에 전문인 사역자들이 장,단기 선교사들과 협력관계를 맺고 사역을 해줘야 하기 때문이다.

주위에 이런 유형의 평신도 전문인 선교사를 아는가?

주위에서 찾아보라

(평신도로서 은퇴(조기 은퇴) 후에 선교지로 나가는 일이 많아지고 있다. 이미 나가있는 선교사를 돕거나 자신의 전문 분야를 통해 현지에 도움을 주며 사역한다.)

3 다음에 해당되는 선교용어를 찾아보라.

보기 단기선교, 선교여행, Vision Trip, Out Reach, 정탐여행
일반적으로 행해지는 준비적 선교의 유형들이다.

1 3개월에서 2년 정도 선교사로 파송받아 선교현지에서 사역을 하는 것. 대체적으로 현지에서 사역하는 선교사를 도와 선교사 자녀교육, 사역 지원 등의 사역을 함.
(단기선교)

2 일반적인 여행도 아니고 그렇다고 선교도 아닌 약간 애매한 표현. 원칙적으로 선교와 여행은 서로 어울리지 않음. 이 용어는 되도록이면 사용하지 않는 것이 좋음.
(선교여행)

3 일주일에서 열흘 길게는 한달 정도 선교현지에 가서 선교사의 사역을 돕고 나름대로 준비한 선교 프로그램, 자원봉사 등을 하는 형태. (비전트립)

4 본래의 의미는 구호, 개발 사업을 위해 해외 지원 사업을 나가는 것을 말함.
(아웃리치)

5 매우 전문적인 분야. 신학적, 선교학적, 사회과학적 훈련을 받는 정탐(reach) 전문가가 선교현지에서 어떻게 하면 그들에게 복음을 효과적으로 전할 수 있을까를 연구하는 분야. (정탐여행)

각자의 경험을 나누어보라

4 마28:19-20을 외워 써 보라.

마28:18 예수께서 나아와 말씀하여 이르시되 하늘과 땅의 모든 권세를 내게 주셨으니

마28:19 그러므로 너희는 가서 모든 민족을 제자로 삼아 아버지와 아들과 성령의 이름으로 세례를 베풀고

마28:20 내가 너희에게 분부한 모든 것을 가르쳐 지키게 하라 볼지어다 내가 세상 끝날까지 너희와

항상 함께 있으리라 하시니라

선교의 부르심을 가지고 사는 사람들을 위한 지침

애석하게도, 우리가 생각하는 선교하는 공동체로 성숙하여 그 안에서 선교로 양육을 받으며 선교사로 나가게 되는 사람은 그렇게 많지 않다. 많은 선교의 헌신자들은 선교하지 않는 교회, 선교에 큰 관심을 보이지 않는 교회 혹, 선교에 관심을 좀 가지고 있어도 어떻게 선교 헌신자들을 도와야 하는지 전혀 준비되어있지 않은 교회에서 배출된다. 이런 교회에서 선교에 부르심을 받은 사람들을 위한 몇 가지 지침이 있다.

1 교회의 인정을 받으라

종종 교회의 인정을 받지 못하는 선교 헌신자들을 만난다. 이들이 선교사로 나가려 할 때에는 교회가 그를 알아주지 않는다. 이런 사람은 선교의 부르심을 의심해야 할만큼 교회가 무엇인지를 모르는 초심자로 여겨도 무방하다. 교회에서의 사역에서 열매를 경험한 사람이어야 한다.

2 교회 내의 선교 중보기도자의 삶을 살라

먼저, 당신 자신이 중보기도자가 되라. 그리고 중보 기도의 네트워커가 되라. 잃어버린 세상을 가슴에 품고 울어보지 않은 사람이 선교사로 나가는 것 만큼 위험한 것은 없다. 또 이 일은 결코 혼자서 하는 것이 아니다. 함께 기도할 사람들을 동원해내야 한다.

3 교회 내의 선교동원가가 되라

선교에 각성된 한 사람을 통하여 하나님은 그가 속해 있는 공동체를 전체적으로 깨우시기를 바라신다. 당신이 먼저 각성되었는가? 절대로 교회 옮길 생각을 말라. 당신의 교회에서 준비된 사람들을 만나 선교의 비전을 나누라. 그리고 함께 기도하라. 선교를 가르치라. 당신이 알고 있는 만큼, 그리고 준비된 만큼 선교를 나누라. 하나님께서 한 사람, 한 사람을 깨워나가실 것이다.

4 때를 기다리라

하나님께서 당신과 더불어 당신의 교회를 준비시켜주실 때가 있을 것이다. 절대로 혼자 나간다는 생각을 버리라. 교회가 당신과 함께 하는 것이 선교이다. 당신을 하나님께서 준비시키셨다면, 교회도 준비시켜주실 것이다. 그 때에 당신은 비로소 선교사로서 나갈 준비가 되는 것이다.

● 복음 전도는 전 세계적 과업이다. 기독교 국가의 인구는 증가되지 않는 반면에 비 기독교 국가의 인구는 폭발적으로 증가하고 있기 때문에 전 세계적으로 기독교인이 차지하고 있는 비율은 떨어지고 있는 상태다. 25년전 33%이던 것이 지금은 30% 정도다. 특히 회교권은 난공불락의 요새로 남

아 있다. 아직 복음이 미치지 못한 족속들은 12,000여 부족에 달한다고 한다. 유럽도 점차적으로 비기독교화 되어져 가고 있다. 유럽은 이제 선교사를 받아야 할 입장이다. 3,000여 명의 선교사가 파송되어 있지만 유럽의 교회는 아직도 부흥하지 않고 있다. 반면에 기독교의 흐름은 지금 한국을 향하고 있다. 선교 100년 역사에 전 인구의 25%라고 하는 경이적 숫자로 증가하게 하는 것은 지금 하나님께서 우리에게 선교의 사명을 요구하고 계시다는 것을 단적으로 보여준다. 역사의 흐름은 그 주체가 계속 서쪽으로 흐르고 있음을 볼 수 있다. 이 흐름과 같이 하여 선교의 중심지도 흐르고 있다. 처음에는 지중해를 중심으로 일어나던 것이 대서양으로 넘어갔고 그 후에 다시 미국으로 넘어오면서 태평양을 중심으로 흘렀다. 지금은 그것이 한국으로 넘어오고 있다. 2천년대 선교의 주역은 누가 뭐라고 해도 한국이다.

Otto Dibeliusa는 세계 선교 운동사를 네 단계로 구분한다. 첫째는 유대인들에 의해 복음이 유대 문화권에서 헬라 문화권으로 전파된 시기이며, 둘째로 복음이 헬라 문화권에서 로마의 정치 사회로 널리 퍼진 시기요, 셋째는 로마 제국에서 복음이 북유럽(게르만 민족) 쪽으로 번진 시기요, 넷째는 서구로부터 복음이 동쪽으로 전파되어 마침내 극동까지 이른 시기라고 했다. 이 극동의 중심이 바로 한국이다. 한국 교회는 선교에 대한 막중한 책임감을 지니고 있다. 한국에서도 장자 교단의 장자 교회에서 그 책임이 막중함을 알아야 한다. 그 이유는 첫째로는 한국 교회는 힘 있는 교회가 되었기 때문이다. 숫자적으로나 재정적으로나 급성장해 있다. 인적 자원도 풍부하다. 이들이 힘을 합하면 세계 선교의 주역이 될 수 있다.

Go or Send!

선교사로의 헌신, 오늘날 선교의 소명을 받았다는 이들이 많다. 그러나 잃어버린 세상을 위해 하나님의 마음을 품고 울어본 적이 있는가? 선교사들의 기도 서신을 대하며 중보기도의 책임을 져본 일이 있는가? 선교헌금을 주머니를 털어 드려보았는가? 돌발적인 헌신은 돌발적인 중단을 가져올 수 있다.

선교사로 나아감

다음의 과정들이 필요하다. 하던 일을 성실하게 계속하라! 주위에 소명을 알리라!

선교동원가의 삶과 중보기도자의 삶을 살라! 선교프로그램을 접할 수 있는 기회들을 잡으라! 기다리며 강을 건너라! 결혼 문제, 부모님의 반대, 자격을 구비하라! 영적, 신체적, 학문적, 심리적&언어능력. 선교단체를 접촉하라! 본격적인 선교훈련에 몸을 던지라! 후원자를 찾아라!

***기도**

***과제**

종합 테스트 준비– 한 주 후에 시험
(성구 암송 점검, 주요 주제의 핵심 체크, 재서약등의 내용으로).
증인 파송식 준비

꿈을 이루기 위한 십계명

1 꿈을 꾸라. 그리고 그것을 위해 노력하라.
2 나를 위하듯 남을 위해 보라.
3 긍정적인 생각을 갖는 사람과 가까이 하라.
4 마음에 꺼림직한 악은 작은 것이라도 타협하지말라.
5 믿고 있는 바를 작은 것이라도 실천하라.
6 작은 일에도 최선을 다하라.
7 항상 웃어라. 모든 일이 잘 될 것을 꿈꾸라.
8 오늘에 도전하라(어제보다 조금 더 나은 내가 되라).
9 어떤 상황에서도 긍정적인 면을 보고 생각하라.
10 하나님은 나를 사랑하고 기대하고 계심을 믿으라.

* 제 3권 훈련 과정 수료 행사

- 증인 파송식
- 교회적인 축하 행사로 치루기
- 간증
- 성구 암송
- 종합 테스트 결과 발표
- 수료증 전달
- 선물 – 수료생(여행, 도서, 시계, 반지 등)
- 추수 – 태신자를 초대하여 함께하기
- 감사 –기도 후원자를 초대함

크리스천라이프센터 (CLC)

기독교 최초의 N.G.O인 기독교윤리실천운동을 모체로 하여 2006년도에 출범하였다. 섬김, 나눔, 치유를 그 핵심가치로 삼고 이 포스트모던 시대에 개인, 가정, 교회, 사회에서 성경적 원리를 실생활에 적용하는 그리스도인의 삶을 살도록 돕는 일을 하고 있다. 자문으로 손봉호, 홍정길, 김명혁, 이사장으로 이문희, 공동대표로 이의용, 노용찬, 이진우, 사무총장에 신산철 목사가 섬기고 있다. 활동 영역으로는 건강교회 운동, 지역사회복지운동, 건강 가정운동, 기독가족상담소가 있다. 특히 건강교회 운동에서는 건강교회 아카데미, 목회자 포럼, 작은 교회를 위한 겨자씨 가정축제 등을 지속적으로 개설하고 있다.

http://www.christianlife.kr

이 책의 목적과 특징

1 사회적으로 배척을 받고 있는 한국교회. 더 이상 교회안의 내용으로만 가득한 훈련을 지속할 수는 없다. 가정, 사회, 세상을 바꿔가는 그리스도의 증인 만들기. **21세기 평신도 훈련**
2 교인 수 200여명 미만이 80%를 차지하는 한국교회에 적합한 눈높이 교재의 긴급성, 학습 분량, 과제, 난이도의 낮춤. **중·소형 교회를 위한 제자훈련**

저자 소개

저자 이진우 목사는 주님이 기뻐하시는 교회에 대한 목마름을 가지고 사는 목회자이다. 농촌마을 보령에서 자랐으며, 철도고등학교에 진학하며 처음 서울에 왔다. 잠시 공무원 생활을 마치고 총신대 종교교육학과와 동 신학대학원, 그리고 아세아연학신학대 대학원을 마쳤다. 그후 영국의 카펜웨이 바이블 스쿨을 수료하고 미국 리버티침례신학교를 마쳤다. 예장 총회교육국의 간사로, 서울 숭의여중고 교목으로 봉직했으며, 영국 코벤트리 한인교회를 담임했다. 십수 년 간 지하철 사랑의 편지 필자로 섬겼으며 기윤실 건강교회운동 위원장으로 봉사했다. 현재는 판교 하늘소망 교회 담임목사로서 크리스천라이프센타 공동대표, 총신대 강사, 그리고 EATS신학교 교장으로 섬기고 있다. 교회 홈페이지 www.Hhchurch.org

저서로 「21C평신도 훈련」시리즈, 「성경책별 집중 탐구」, 「성경인물 탐구」와 단행본 「목사와 평신도」, 「요즘 내 아이 어떻게 키울까」, 「교사 그 위대한 힘을 꺼내라」와 「짧은 말씀 깊은 생각」시리즈, 그리고 「신나는 주일학교 만들기」, 「십대 신앙 상담 100」, 「청소년 설교 이렇게」등 교회 교육물이 있다. 논문으로는 「THE INFLUENCE OF SHAMANISM ON KOREAN CHURCHES AND THE OVERCOME」이 있다.

초판 1쇄 발행 | 2010년 6월 15일

지은이 | 이진우

펴낸이 | 황성연

펴낸곳 | 글샘 출판사

주소 | 서울특별시 중랑구 상봉동 136-1 성신빌딩 3층

등록 | 제6-0634호

ISBN | 978-89-913-5826-3

총판 | 하늘물류센터

전화 | 031 947 7777

팩스 | 031 947 9753

© | 이진우 2010 Printed in korea

북디자인 | 하늘기획